U0556300

2024 年
中国仓储配送行业发展报告

CHINA WAREHOUSING AND DISTRIBUTION INDUSTRY DEVELOPMENT REPORT

中国仓储与配送协会◎编著

中国商业出版社

图书在版编目（ＣＩＰ）数据

2024 年中国仓储配送行业发展报告 / 中国仓储与配
送协会编著 . -- 北京 : 中国商业出版社 , 2024.6
ISBN 978-7-5208-2937-3

Ⅰ . ① 2… Ⅱ . ①中… Ⅲ . ①仓库管理—研究报告—
中国— 2024 ②物流管理—物资配送—研究报告—中国—
2024 Ⅳ . ① F259.2

中国国家版本馆 CIP 数据核字 (2024) 第 111988 号

责任编辑：林　海

中国商业出版社出版发行
（www.zgsycb.com　100053 北京广安门内报国寺 1 号）
总编室：010-63180647　编辑室：010-83125014
发行部：010-83120835/8286
新华书店经销
北京军迪印刷有限责任公司印刷
*
889 毫米 ×1194 毫米　16 开　13 印张　286 千字
2024 年 6 月第 1 版　2024 年 6 月第 1 次印刷
定价：280.00 元
＊＊＊＊
（如有印装质量问题可更换）

2024 年中国仓储配送行业发展报告
编委会

主 任:

孙 杰 中国仓储与配送协会名誉会长

常务副主任:

王继祥 中国仓储与配送协会副会长、专家委员会主任

王国文 中国（深圳）综合开发研究院物流与供应链管理研究所所长

副主任:

沈绍基 中国仓储与配送协会会长

李 燕 中国仓储与配送协会副会长兼秘书长

编 委（按姓名首字母排序）:

蔡 熙 苏州金峰物流设备有限公司、
苏州金峰物联网技术有限公司创办人

关赏轩 物联云仓副总经理、物联云仓数字研究院院长

李 涛 北京时代商联商业咨询有限公司董事长

王 骊 国网浙江省电力有限公司物资分公司物资供应部副主任

尹军琪 北京伍强科技有限公司董事长

张家玮 山东省现代物流创新创业共同体秘书长、
临沂商贸物流科技产业研究院院长

张剑锋 普洛斯研究院科技创新副总裁

张 柯 国家电网有限公司物资管理部（招投标管理中心）物资供应处处长

孙 杰
中国仓储与配送协会名誉会长

　　毕业于北京交通大学（原北方交通大学）运输专业。曾先后在原商业部商业储运局、华运物流实业公司、华运通物流有限公司任职。历任中国仓储与配送协会秘书长、副会长、会长。熟悉国家仓储与配送行业相关法律法规、政策规划、技术标准，曾组织《通用仓库及库区规划设计参数》等多项国家标准的制定工作。

王继祥
中国仓储与配送协会副会长、专家委员会主任

　　教授，研究员，商务部特聘物流专家，国家邮政局发展研究中心智慧发展研究首席专家。现任中国仓储与配送协会副会长，中国商贸物流标准化联盟执行主席。兼任物流信息互通共享技术及应用国家工程实验室研究员，北京航空航天大学物联网专业特聘教授，上海宝开物流系统有限公司高级顾问等。共发表各类研究论文120余篇，完成各项研究报告与咨询报告60余篇，获得国家科技进步二等奖、冶金部科技进步三等奖等各项奖励30余次，有4项成果通过部级鉴定。

王国文
中国（深圳）综合开发研究院物流与供应链管理研究所所长

　　南开大学经济学博士，北京大学管理学博士后，区域经济、产业规划专家，著名物流与供应链管理专家。兼任中国物流学会副会长，美国供应链管理专业协会中国首席代表，深圳市决策咨询委员会专家，南开大学、北京交通大学、香港理工大学客座教授。主要研究领域为区域经济、产业规划，物流与供应链、区块供应链、绿色供应链、企业供应链战略，供应链管理流程与绩效，城市交通与可持续发展，创新及高科技产业应用等。曾荣获"改革开放四十年物流行业专家代表性人物"称号。

沈绍基
中国仓储与配送协会会长

　　高级经济师。自 1983 年起，先后在原商业部、原国内贸易部、原国家内贸局从事储运行政管理工作。1998 年以来，先后任华运物流实业公司总经理，中国仓储与配送协会第三、四届会长。现任中国仓储与配送协会第六届会长，国际仓储与物流联盟（IFWL）常务副主席兼秘书长。30 多年来，一直致力于推动现代物流发展，围绕仓储业转型升级做了大量研究性、政策性、开拓性工作。

李　燕
中国仓储与配送协会副会长兼秘书长

　　高级物流师。2011 年加入中国仓储与配送协会，现任副会长兼秘书长，负责秘书处日常工作，同时兼任协会包装与单元化物流分会会长。曾先后就职于北京两家上市公司，负责物流体系建设；主持商贸物流相关重点标准研究、托盘及周转箱循环共用标准体系与应用研究、绿色仓储配送与电商包装等相关领域课题研究；在托盘共用系统的理论和实践方面做了大量开创性工作。

蔡　熙
苏州金峰物流设备有限公司、苏州金峰物联网技术有限公司创办人

　　1988 年留学日本，毕业后二十多年分别在日本、欧洲和美国等地参与了包括 DHL、UPS、FedEx、日本宅急便、佐川急便、海烟物流、中国邮政、顺丰速递、四通一达快递、京东、申洲国际等数百个项目。曾带领团队共申请专利 282 余项，授权 216 项，其中已授权发明专利 24 项、实用新型专利 192 项、软著 52 项。并荣获"中国智能物流产业杰出工匠奖""中国智能物流产业领袖人物"等。

关赏轩
物联云仓副总经理、物联云仓数字研究院院长

　　中国仓储与配送协会专家委员会委员，曾任中国仓储与配送协会云仓专家委员会秘书长。仓储物流大数据与数智化专家，对仓储物流市场有十余年的深入研究，擅长物流园区咨询及规划、仓储产业及市场分析、仓储物流数智化、智慧园区整体设计等，先后组织编写了数百篇仓储市场研究报告，并设计开发了国内首个仓储大数据平台"天镜平台"。

李　涛
北京时代商联商业咨询有限公司董事长

　　中国仓储与配送协会专家委员会副主任委员，专注于零售连锁和食品流通业物流园区、配送中心的规划咨询。曾为家家悦、永辉、物美、超市发、北国商城、思念食品、生鲜传奇、盒马、新乐、全聚德、海霸王（成都）、美特好等 200 家零售、医药、食品企业提供商业和物流咨询服务。多次荣获中国连锁经营协会、中国商报等颁发的荣誉奖项。

王　骊
国网浙江省电力有限公司物资分公司物资供应部副主任

　　高级经济师，国家电网有限公司供应链运营专家。长期从事国家电网现代物流体系关键技术攻关及物资供应、仓储配送管理运营工作，在现代物流体系、数智化供应链等领域具有丰富的创新实践经验。曾牵头多项国家电网和国网浙江电力的科技创新、管理创新、数字化建设等项目。参与编写国家电网公司绿色化、现代化、数智供应链方面的书籍，并参与制定物联网、物流园区等多项国家及行业标准。获得多项省部级、行业级科技创新、管理创新高级别奖项，多次受邀参加各类行业协会仓储物流论坛，并演讲、交流。

尹军琪
北京伍强科技有限公司董事长

　　教授级高级工程师，兼任中国重机协会物流与仓储机械分会副理事长。从事现代物流系统集成工作30余年，参与300余项物流系统设计与集成工作，著有专著《现代物流系统集成——方法、实践与思辨》，发表论文100余篇。先后获省部级科技进步二等奖、行业年度人物等多项奖励。

张家玮
山东省现代物流创新创业共同体秘书长、
临沂商贸物流科技产业研究院院长

　　曾任临沂市兰山区科技局局长。全面主持临沂商贸物流科技产业研究院工作，主导了临沂物流科技集团商业计划书、山东省商贸物流产业大脑、临沂专线物流公共服务平台等项目，涉及智慧仓储、多式联运、商业规划、数字平台等多个领域，对国家和地方层面的物流政策具有深入理解和把握能力，具有丰富的物流科技管理工作经验。作为第一发明人发表发明专利3项，在国外期刊发表论文5篇。

张剑锋
普洛斯研究院科技创新副总裁

　　全国物流标准化技术委员会第三方物流服务分技术委员会委员，苏州虎丘区第八届政协委员，苏州大学"产业教授"，上海科技创业导师，清华大学苏世民书院行业导师，"2023全球开放式创新百强榜单"评委。有着丰富的通信、轨道交通、新能源、物流与供应链等行业的技术与管理经验，曾参与多项国家与行业标准的制定，并发布多项专利。主导撰写《中国供应链与物流科技创新前沿》《大企业开放式创新在中国的发展与实践》等行业白皮书。

张　柯
国家电网有限公司物资管理部（招投标管理中心）物资供应处处长

　　高级工程师，全国物流信息管理标准化技术委员会委员（SAC/TC267），国家电网物资管理技术标准化专业工作组委员（SGCC/TC07）。长期从事供应链、招标采购管理工作，在现代物流体系、集中规模招标采购、数字化供应链平台发展等领域具有丰富的创新实践经验。曾多次获得中国电力企业联合会、中国物流与采购联合会、国家电网有限公司等颁发的科技创新、管理创新奖项。

前　言

　　2023年是全面贯彻落实党的二十大精神的开局之年，是实施"十四五"规划承上启下的关键之年。2023年我国仓储配送行业持续保持稳步发展。国家部委、地方政府部门围绕物流现代化、县域商业和物流体系建设、冷链物流、绿色低碳等方面发布相关政策，为仓储配送高质量发展予以明确指引。

　　仓配需求结构分化越发明显，线上线下全渠道和即时配送结构性需求增长加速；地方国有企业合并、头部民营企业竞合，行业集中度进一步提升；资本市场持续遇冷；产业融合深化、与多领域链主企业建立更全面的战略合作关系；物流"大模型"、无人技术应用等，助力仓配及供应链提质增效；政企联合打造公共县域配送中心，农村仓配助力物流升级；冷链仓储遭遇"冰火两重天"，企业调整发展策略；电商仓配持续优化服务网络，时效竞争升级；即时配送需求有待释放，新增多个入局者；金融仓储发布首个生态图谱，进一步推进行业健康发展；海外仓网络持续完善，跨境电商为跨境供应链自主可控创造有利条件。

　　中国仓储配送行业发展报告作为反映我国仓储配送行业发展的权威读物，已连续发布19年。《2024年中国仓储配送行业发展报告》延续以往结构，涵盖行业整体及细分领域发展情况、优选典型企业案例、筛选行业研究成果，为读者提供政策、标准、数据、模式、经验等，希望能予以启发、有所帮助。

　　中国仓储配送行业发展报告的编写与发行离不开各界人士的鼎力支持。在此，对参与本书编写工作的企业、院校及专家等，表示衷心感谢！同时，真诚地期待业内同仁提出宝贵意见并积极参与，不断提升中国仓储配送行业发展报告的质量。

编委会

目　录

第四部分　综合资料汇编

第五部分　优质企业推荐

第一部分

行业发展报告

2023 年仓储配送行业发展与趋势展望

一、2023 年行业总体情况

（一）设施规模

据中国仓储与配送协会调查与推算，截至 2023 年年底，我国营业性通用仓库面积约 12.4 亿平方米，同比增长 1.6%，增速与上年度基本持平。其中，立体库（高标库）约 4.3 亿平方米，同比增长 4.9%，占设施总量比例已达 34.7%（占比增长 1 个百分点）。全国经评价的四星级以上高标仓库已超过 6000 万平方米。

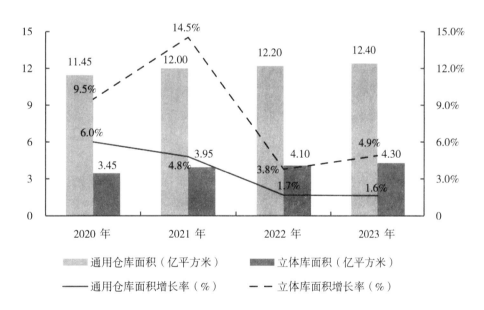

图 1   2020—2023 年通用仓库面积及增速

数据来源：中国仓储与配送协会研究室

截至 2023 年年底，我国冷库总容积约 2.5 亿立方米，同比增长 14.7%，增幅较上年度增加 5.7 个百分点。

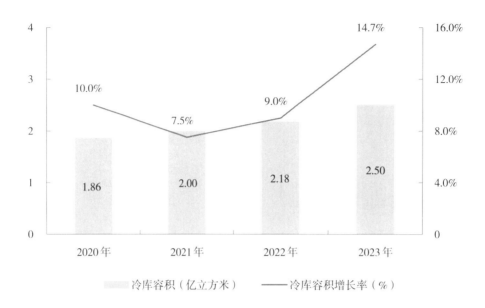

图 2　2020—2023 年冷库容积及增速

数据来源：中国仓储与配送协会研究室

　　截至 2023 年年底，我国经营性危险化学品仓库面积约为 130 万平方米，同比增长 10%。其中，新增危险化学品仓库集中在张家港、重庆及新疆等地区。按照防火等级分类，甲类防火等级的仓库约占 21%，乙类防火等级的仓库约占 35%，丙一类防火等级的仓库约占 44%。

（二）固定资产投资

　　国家统计局数据显示，2023 年我国仓储业（含装卸搬运）固定资产投资额首次突破万亿元，达到 11670.8 亿元，同比增长 27.5%，增幅较上年度增加 2.4 个百分点，增速是物流业（即交通运输、仓储和邮政业，为 10.5%）的 2.6 倍。

　　仓储业（含装卸搬运）固定资产投资额仍保持高速增长，其原因可归结为以下两点：一是 20 余个地方政府部门持续强化冷链物流体系建设，布局冷链设施网络，加大冷库建设投入；二是据不完全统计，2023 年在建、交付使用的物流项目总体呈现单体仓库大型化、自动化、智能化等特点，在一定程度上拉高了单位面积仓库的投资额；三是对存量仓储设施的改建和技术改造较多，国家统计局数据显示，此类设施的投资额增长率超过 30%。

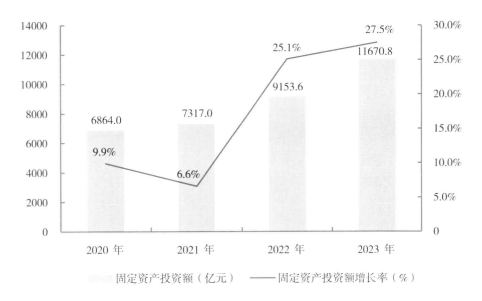

图3 2020—2023年仓储业（含装卸搬运）固定资产投资额及增速

数据来源：国家统计局

（三）设施运行

受上游客户订单下降、同行竞争加剧等影响，各类型仓库出现不同程度的租金下降、空置率上升等情况。

2023年我国通用仓库主要物流节点城市仓库平均租金为25.45元/（平方米·月），同比下降2.3%；仓库平均空置率为14.9%，同比增长1.8个百分点。

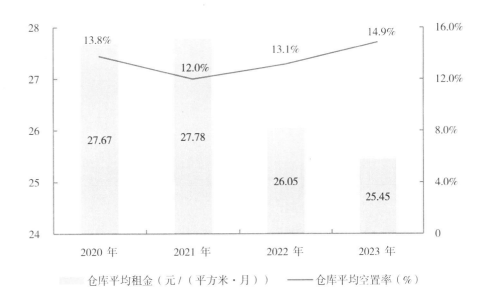

图4 2020—2023年仓库平均租金和空置率

数据来源：物联云仓数字研究院、中国仓储与配送协会研究室

物联云仓平台数据、中国仓储与配送协会冷链分会调查显示，2023年我国冷库平均租金为86.00元/（平方米·月），其间冷库租赁价格逐月走低，个别地区出现了"零租金入驻"的招商政策；全国冷库空置率为17.55%，部分地区冷库空置率持续升高，个别地区冷库空置率达到30%以上。

据中国仓储与配送协会危险品分会统计监测，2023年全国危险化学品仓库甲类防火等级的仓库租金为120~280元/（平方米·月），乙类防火等级的仓库租金为100~180元/（平方米·月），丙一类防火等级的仓库租金为50~120元/（平方米·月），同时受地理区位、供需关系、业务场景和模式的影响，租金浮动量较大。

一方面仓库租金下降，空置率上升；另一方面仓储业固定资产投资额大幅增长，这种局面需要引起业界重视，有待深入研究。

（四）企业营收

中国仓储与配送协会对重点仓储企业的调查显示，5%的企业营收平稳，58.3%的企业营收有增长，36.7%的企业营收有所下降。其中，增长区间在0~10%的企业占比最大，为26.6%；增长区间在-10%~0的企业占比次之，为19.0%。

从调研反馈的情况来看，尽管营收增长的企业数量过半，但这些企业的盈利能力均有所减弱，多数企业的净利润率低于3%，主要原因是客户因自身经营压力严格控制物流成本支出，压低物流服务价格或在既定价格的基础上提出更多的服务要求。

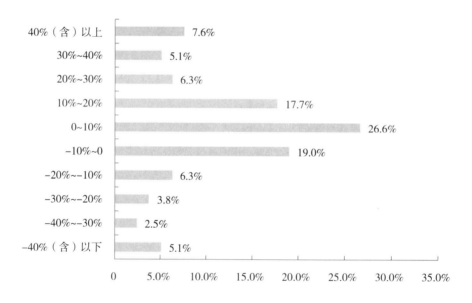

图5　2023年规模以上仓储企业营业收入增长情况

数据来源：中国仓储与配送协会研究室

二、2023 年行业总体发展特点

(一) 市场需求：总量仍在恢复之中，结构分化明显

统计公报显示，2023 年我国全年社会消费品零售总额 471495 亿元，同比增长 7.2%，增幅虽然由负转正，但是仍未恢复到新冠疫情前的水平；全年实物商品网上零售额 130174 亿元，较上年度增长 8.4%。从区域分布看，乡村消费增长快于城镇消费，城镇消费品零售额407490 亿元，同比增长 7.1%；乡村消费品零售额 64005 亿元，同比增长 8.0%。从消费业态看，百货店、超市门店数量和经营面积略有下降，实体零售企业布局仓储会员店、折扣店、线上线下一体化门店（提供"到家+到店"两种业务）等趋势明显，综合电商向直播电商、内容电商等分流。

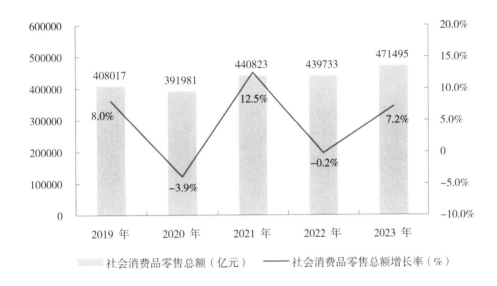

图 6 2019—2023 年社会消费品零售总额及增速

数据来源：国家统计局

(二) 行业格局：国有企业加速合并，头部民营企业竞合，行业整合持续

2023 年，国有企业加速整合、建立区域物流集团，民营企业注重内部资源高效利用和外部合作机制建立，行业集中度进一步提升。

国有企业整合频繁，重庆交运集团、重庆国际物流集团、重庆港务物流集团合并成立重庆物流集团，合肥产投集团牵头组建"合肥物流集团"，海南、甘肃、新疆、宁夏、广西等地成立区域国有物流集团。地方国有物流企业开展战略性重组、专业化整合，为推进区域资源整合、加快构建骨干企业奠定了基础。

民营企业通过调整业务板块、优化投资布局、出售资产、转让股份等方式，提升运营服务能力和市场竞争力，实现可持续发展。一方面，对内，强化资源规划与成本管控，强调业

务协同、多网融合，提升资源投产效率；对外，通过评估，深耕核心客户、核心业务与核心区域，对非核心项目进行战略性收缩。另一方面，由竞争走向竞合，提升服务质量和效率。例如，京东物流开放物流接口，允许极兔、申通接入京东平台；美团与闪送、顺丰同城、UU跑腿合作共建即时配送行业生态。

（三）资本市场：企业融资持续减少，上市和仓储设施REITs较为活跃

企业融资情况：据不完全统计，2023年仓储配送相关融资事件约64起，相较于2022年，融资笔数降低约52%。从细分领域看，自动驾驶、物流机器人连续3年成为资本关注的重点，融资笔数占比分别为21.8%和23.4%。此外，基于垂直产业（以食品和农产品为主）的一体化供应链服务、端到端的跨境物流服务成为行业新的投资焦点。

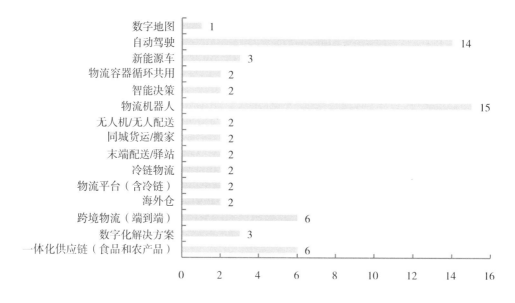

图7　2023年仓储配送相关融资领域分布

企业上市情况：据不完全统计，2023年我国成功上市物流企业有8家，分别是盛丰物流、日日顺、泛远国际、中邮科技、维天运通、极兔、佛朗斯、擎朗智能，涉及跨境物流、综合物流、供应链、物流科技、无人配送、快递、设备租赁等领域。在市场下行、竞争压力加大等共同催化下，企业通过上市获得资金支持的意愿更加强烈。从相关企业披露的招股书公开信息来看，资金使用主要围绕设施网络扩张、拓展业务范围、数字化智能化建设、投资新技术、战略性并购等方向。

资产融资情况：2023年，物流设施REITs较为活跃。其中，中航易商仓储物流封闭式基础设施证券投资基金、华泰紫金宝湾物流仓储封闭式基础设施证券投资基金、华夏深国际仓储物流封闭式基础设施证券投资基金3只仓储物流设施公募REITs申报上市；中金普洛斯、红土创新盐田港2只仓储物流设施公募REITs完成扩募；中金普洛斯、嘉实京东仓储基础设施、红土创新盐田港3只已上市REITs虽然在可供分配金额方面超额完成预期水平，但是因市场的低预期，导致总市值均有不同程度的下跌。

（四）数智仓储：物流"大模型"、末端无人配送投入应用，助力行业提质增效

2023 年，行业前沿性数字化、智能化技术的场景化应用取得突破性进展，为仓配、供应链提质增效提供助力。

在"智慧物流大脑"方面，菜鸟大模型数字供应链产品"天机 π"，可以通过菜鸟算法，并基于大模型的生成式 AI 辅助决策，在销量预测、补货计划和库存健康等领域实现提质增效。京东物流基于大模型的数智化供应链产品"京东物流超脑"，可以通过大模型分析、理解当前仓储 3D 模型的异常运营问题，给出改善性建议，变被动调整为主动干预，显著提升运营效率。顺丰在物流领域大规模应用的数字孪生实践，针对分拣计划的优化，可以提升 8% 以上的产能以及缩短 10% 的分拣时间，还将数字孪生技术应用于物流网络规划，可以有效减少配送次数，数字孪生技术推荐的网络策略被采纳率达到 95% 以上。

在无人配送方面，中国邮政、京东物流、顺丰、中通等在高端写字楼、商业综合体、校园、医院、高端住宅等"最后一公里""最后 100 米"配送场景中投放无人车，开展末端智能机器人揽收和派送任务。美团在北京、上海、深圳等区域启用无人机配送常态化航线，配送外卖、医药等，如在深圳龙华区人民医院启用医疗运输航线，通过无人机配送检测标本等，标本配送时间被缩短到 10 分钟内，配送效率提高 200% 以上。

（五）绿色仓配：各级政府纳入工作重点，绿色仓库与绿色仓配运营成为企业 ESG 报告的重要内容

2023 年，国家部委发布多项碳达峰、碳管理相关政策，明确减碳目标。上海、天津、广东、青海等地发布碳达峰碳中和标准体系规划与路线图，制定碳达峰实施方案，公开碳排放管理办法（草案），启动碳交易平台。

中国外运、宝湾、日日顺、京东、顺丰等 10 家物流企业相继披露 ESG 报告，报告中均展示了在仓储、配送方面的绿色化投入与成果。行业标准《绿色仓库要求与评价》发布后，广受企业认可，已成为编制 ESG 报告的重要依据，据统计，我国获得"绿色仓库"称号的仓库面积已达 5000 万平方米，近两年的年均增速在 100% 以上；国家标准《绿色仓储与配送要求及评估》也有数十家企业参与了贯标。

（六）产业融合：由功能性物流服务向一体化、数字化供应链深入

政府部门持续推进供应链创新与应用示范创建工作，进一步扩大示范范围、提高推广效果，强调维护重要产业供应链安全、助力增强国内大循环内生动力和可靠性、推动国际循环质量和水平提升。

2023 年，仓配企业融入供应链、产业链程度不断深化，由提供功能性物流服务向供应链一体化、数字化深层次进阶，覆盖酒饮、宠物、食品、母婴、医药、快消、服装、零部件与汽车等行业。例如，菜鸟与麦富迪在多年仓配合作基础上，围绕 RFID 一物一码、智慧园区、数字化供应链、绿色低碳供应链等领域达成合作；京东物流为青岛啤酒优化端到端成本的同时，为了满足销售需求、平衡全国工厂产能利用率，指导周生产计划和运输计划制定，监控库存水平，提升青岛啤酒的供应链全局数字化水平；菜鸟为康师傅打造"数智供应链转型"

方案，在供应链计划咨询、仓网规划、智能物流、精细化管理与差异化服务模式探索等方面展开深度合作，整体提升全渠道、全链路与多场景的服务水平与客户体验。

三、2023 年重点领域发展特点

（一）冷链仓配：冷链仓储遭遇"冰火两重天"，冷链企业调整发展策略

近年来，国家发展改革委、商务部、农业农村部、财政部、中华全国供销合作总社等多部门资金支持冷链设施建设，20 余个省市发布冷链相关专项规划或发展实施方案。在政策支持与资金加持的背景下，全国冷库建设进入井喷阶段，全国冷库规模增长明显，但因冷链市场需求尚未完全释放、冷库阶段性与区域性供应过多等因素影响，全国各地冷库在不同程度上出现高空置率、低价恶性竞争的局面，与冷库基础设施建设火热形成鲜明对比。

在此背景下，冷链企业竞争激烈，重资产投入、运营模式单一的企业逐渐失去竞争力，面临生存危机。大多数冷链企业调整发展策略，一方面，在新投资、布局仓库、费用支出等方面都持观望谨慎态度，在业务上呈收缩态势；另一方面，重视服务能力提升，从战略规划、管理理念、冷库节能、新技术使用、运作模式、作业标准化、人员使用、成本控制等方面进行优化，注重精益化运作和抱团发展，并致力于仓配一体化转型和综合服务能力提升，探讨供应链金融与产业如何深度融合等。

（二）危险化学品仓储："规则+标准"双驱动，强化安全管理

危险化学品仓库安全一直是行业发展、企业经营重点关注的问题，危险化学品仓库出现事故的概率相对于供应链其他环节要小得多，但一旦出现事故往往危害较大。为深入贯彻落实党的二十大精神，以及习近平总书记关于安全生产的重要论述精神，推动危险化学品安全生产治理模式向精准管控、事前预防转型，预防和减少危险化学品存储过程中的安全事故发生，应急管理部制定了《危险化学品仓库企业安全风险评估细则（试行）》，旨在为危险化学品仓储企业提供一个自检手册，从安全基础管理、规划布局与总平面布置、储存过程、设备安全、电气与仪表、应急与消防等 6 个方面，共计提出 98 项检查内容，指导企业落实主体责任，预防事故发生。

强制性国家标准《危险化学品仓库储存通则》（GB 15603—2022）于 2023 年 7 月 1 日正式实施，该标准规定了危险化学品仓库储存的基本要求、储存要求、装卸搬运与堆码、入库作业、在库管理、出库作业、个体防护、安全管理、人员与培训等内容，适用于危险化学品储存、经营企业的日常管理。

（三）中药材物流：全国中药材物流基地布局基本完成，开始向以质保仓为基础的中药材数字供应链提升发展

中药材现代物流体系建设，是根据国务院办公厅、商务部相关文件要求和指引，在全国道地药材主产区及重点销区规划建设一批标准化、集约化、规模化和产品信息可追溯的现代中药材物流基地，可有效促进中药材实现产地质检、集中仓储、科学养护与全程追溯的一体

化运营。截止到 2023 年年底，全国中药材物流基地布局已基本完成，已有 31 家基地竣工投产并通过评审成为中药材物流实验基地，中药材现代物流体系建设已取得了阶段性成果。

根据国务院办公厅《关于推动药品集中带量采购工作常态化制度化开展的意见》《关于加快中医药特色发展的若干政策措施》，2023 年中国仓储与配送协会中药材仓储分会以促进有质量保障、可追溯道地中药材的定向供应与集中采购为目标，以中药材物流实验基地为基础，以规模化的道地中药材品种为重点，组织道地中药材流通质保仓建设，取得良好开局；制定发布《道地中药材流通质保仓评价管理办法与自律公约》，组织评审 11 家道地中药材单品种流通质保仓，支持组建道地中药材流通质保仓保供联盟，并通过整合社会资源创建道地中药材第三方质检网络体系，完善中药材国际交易平台、对接中药材相关联采机构，推动中药材现代物流体系向中药材现代流通体系发展。

（四）即时配送：代表性企业盈利，入局者增多

2023 年，以商超、餐饮为代表的线下门店持续扩展线上业务，小象超市（原美团买菜）、闪电购等近场电商持续扩城布局，"门店一体仓/前置仓+即时配送"模式拉动了即时配送需求的增长。据沙利文报告统计，2023 年即时配送年订单规模突破 400 亿，同比增长 22.8%。与此同时，布局多年的即时配送头部企业顺丰同城、达达集团均实现盈利，吸引滴滴货运、高德地图、哈啰送货等布局同城货运、跑腿业务。

与此同时，国家首个即时配送标准《即时配送服务规范》（GB/T 42500—2023）发布，对即时配送的基本定义及服务范围要求、操作流程规范、服务质量要求及评价处理机制、企业及人员从业资质等均做了详细明确的规定，对未来即时配送行业健康可持续发展具有重要意义。

（五）农村仓配：政企联动共建县域配送中心，助力产业、物流转型升级

2023 年，相关企业在政府的主导或支持下因地制宜、分类施策，共同打造县域配送中心，在解决快递进村难题、促进农村产业发展方面取得阶段性成果。

针对解决快递进村难题，聚焦物流需求集聚、共同配送。淄博市农村现代商贸流通体系建设的重点项目——淄博市最大县域物流集中配送中心正式投用，整合区内邮政快递、申通快递、极兔快递、韵达快递、中通快递、圆通快递等快递物流公司，实现"统仓共配"，降低物流成本。京东物流携手灌南县人民政府推进物流产业转型升级，与金灌集团共同打造的灌南县首个县级智慧物流港，包括冷链仓储中心、供应链金融中心、金融仓储中心、城市配送和应急物资储备中心，聚合电商孵化、智能仓储、金融服务、冷链物流、统仓共配、应急保供六大核心功能，全面满足当地物流产业的综合需求。

针对促进农村产业发展，注重产业融合、"筑巢引凤"。京东物流与旌德县万方纸业因地制宜打造仓拣一体的智能产业园区，大大缩减旌德县乃至周边县域多家厂商从仓库到客户的运输距离，提升全国范围内的履约效率，与此同时，强化整个县域及周边物流资源的集聚效应，助力旌德县吸引更多产业入驻。

（六）国际仓配：海外仓储网络持续完善，跨境电商全托管模式为跨境供应链带来巨大变革

2023年，相关政府部门发布多项政策支持跨境电商、海外仓发展。安徽省、浙江省、成都市、哈尔滨市等近20个省市级政府部门发布海外仓建设的扶持政策，并给予财政补贴。

商务部公开数据显示，截至2023年年底，我国分布在全球的海外仓总面积超2200万平方米，同比增长10%。根据中国仓储与配送协会保税与海外仓分会调研，不同区域海外仓发展特点差异较大，东南亚、中东欧、南美、非洲等地区的海外仓总体呈现规模化、集聚化发展态势；北美、西欧等地区的海外仓处于结构性增长阶段，部分企业特别是头部企业小仓换大仓，租赁改自建。

2023年，SHEIN、Temu和TikTok Shop等中资跨境电商平台实现日均200万单，全球电商市场份额快速提升；与此同时，提出全托管模式，即由电商平台或第三方专业物流企业为商家提供从国内仓储、拣选、包装到国际运输、清关、配送至海外消费者手中的一站式物流解决方案，商家可将更多精力投入到产品研发、市场营销等核心业务。对比FBA、FMA、半托管等跨境物流模式，全托管模式可促进海外仓企业与国际运输企业实现抱团出海，有效提升跨境物流资源整合，对跨境商业生态、跨境供应链自主可控、跨境物流时效与质量等均实现了深刻变革。

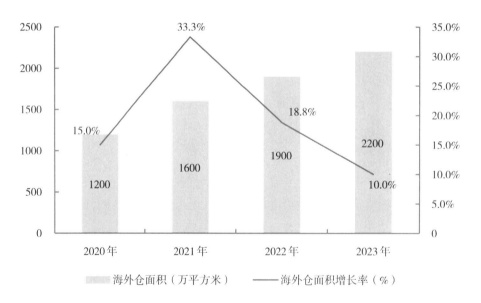

图8　2020—2023年海外仓规模

（七）金融仓储："行业图谱+公共平台"双渠道，共同规范行业发展

2023年11月，在"2023中国金融仓储创新发展大会暨华夏银行产业数字金融峰会"期间，中国仓储与配送协会联合华夏银行、中仓登数据服务有限公司向行业发布金融仓储生态建设成果及计划，首次发布"2023金融仓储生态图谱"，明确金融仓储业务所涉及的各类主体类型（包括金融仓储企业、金融机构、科技企业、供应链管理企业、交易所、基础设施、支持性服务机构、地方政府等），并厘清了业务主体之间的关系与责任边界，有效规避因主体

多样导致职责不清晰等问题，让各类业务主体在金融仓储业务中明确自身的发展定位，找到未来发展路径。

全国性可流转仓单信息登记平台持续升级服务能力，已经形成"三登记+两确认"（"三登记"指仓库公示登记、货权公示登记、仓单公示登记；"两确认"指仓储企业对货物信息、仓单信息确认公示、电子仓单运营关系唯一性确认公示）的服务体系，进一步保障存货权利人的权利，帮助存货权利人对存货进行特定化、有效交付、持续控制、公示货权，通过对货权的全周期管理解决在交易或融资场景下权利人确权的问题。

（八）技术装备：注重技术迭代，开拓海外市场

相较于过去年均20%～30%的增长率，2023年我国仓储物流装备的市场规模预计仅增长8%～10%，市场呈现出激烈的竞争态势。从上市物流设备公司财务报表来看，营业收入整体上增长放缓，亏损企业增多。

2023年仓配相关的新技术、新产品不多，技术设备企业的精力主要投入在技术迭代（如产品多样性、产品质量和成熟度、产品轻量化等）及海外市场布局上。据不完全统计，数十家仓储物流设备企业在欧美、东南亚等地区成立办事处，在国内投资建设新工厂以应对海外订单为主。

四、行业发展趋势展望

2023年，中共中央、国务院先后印发了《质量强国建设纲要》和《数字中国建设整体布局规划》，从宏观层面对仓配行业推动实现高质量发展予以指导。2023年9月，习近平总书记在黑龙江考察调研期间，提到一个令人耳目一新的词汇——"新质生产力"。总书记指出，整合科技创新资源，引领发展战略性新兴产业和未来产业，加快形成新质生产力。在此背景下，2024年及未来一个时期，仓配行业将迎来四个变化：一是发展环境的变化，整体市场需求难有明显增长，但围绕新兴产业和未来产业、新型消费和低价型消费存在"黑马"；二是客户渠道的变化，过去仓配企业服务单一渠道，未来全渠道服务是"标配"；三是资产工具的变化，仓配企业意识到数据将是未来新型的核心资产，重视利用数智化工具，提升自身竞争力并打造灵活、有韧性的服务能力；四是竞争方式的变化，从价格竞争到服务竞争。与此同时，仓配企业从宏观层面可关注以下发展方向，寻找发展机会。

（一）全链条、结构性降低社会物流成本是新的发展目标

降本增效一直是近年来行业的发展重点，但随着政策环境和市场需求的变化，降本的方向和路径已发生根本性变化。从政策角度来看，2023年12月，中央经济工作会议提出，加快全国统一大市场建设，着力破除各种形式的地方保护和市场分割，有效降低全社会物流成本；2024年2月，中央财经委员会第四次会议强调，降低全社会物流成本是提高经济运行效率的重要举措，要站在全社会角度，注重链条打通、环节协调等物流全链路、全要素的物流降本，而不是通过压低物流服务价格的单一功能降本。

行业降本工作已从单个企业的内部降本升级为全社会的结构性降本。2024年及未来一个

时期，要以提升物流服务水平为核心，以降低经济社会中无效的综合物流量为主线，通过优化产业结构，推动供给侧改革，推进精益创新等路径，在确保实体产业稳步发展的基础上，降低无效物流成本，实现行业向高质量转型升级。

（二）数字化驱动成为行业发展的核心"引擎"

2023年，随着物流大模型的应用，头部企业已布局"数据+科技+运营"的服务体系，以"数据+科技驱动"为客户提供个性化的仓网布局、运力规划、数字化仓配服务方案，用"智慧物流大脑"的自主决策，为客户带来仓配价值增量。例如，京东到家的"宏图系统"，通过"B2C+O2O"全域数据分析，实现人、货、场基于LBS网格化的供需精准高效匹配，面向品牌商提供集经营诊断、机会洞察、策略输出、方案落地功能于一体的LBS网格化运营工具，帮助品牌提升全渠道运营效率。

随着仓配业务场景日益复杂，过去以低配置信息系统管理货物、以人工经验判断进行管理的方式已无法满足现代化仓配需求。近年来，智能仓储企业、物流科技企业的数智化创新产品，已具备多场景应用、低成本实施的条件。未来一个时期，普遍应用数智化手段优化内部作业流程、完善仓配网络体系、创新业务模式、打造弹性服务能力等，将是赋能行业、实现行业高质量发展的重要趋势。

（三）融合创新发展成为行业探索的新方向

随着我国进入高质量发展的新周期，在市场规模增长放缓、以存量为主的市场下，基于行业的细分业务板块融合和企业的内部资源整合，打造新的产品或服务体系将成为新的发展方向。

以行业为例，城市末端配送与铁路是相对独立的物流子系统，2023年中铁快运股份有限公司与同城货运、即时配送企业开展"高铁急送"服务，通过高效衔接高铁与两端同城取送货骑手运力，采用即收、即运、即送方式送达物品，实现跨城市当日送达，打造了新的服务产品。

以企业为例，综合性物流企业有仓储、末端配送、快递、干线运输等多个独立运营的业务板块，随着客户"到店+到家""线上+线下"多渠道业务发展，已有业务板块、物流资源的协同整合成为必然。2023年，顺丰推出一体化医药配送综合物流解决方案，在为外卖平台、药店自有平台、医药电商平台等提供即时配送的同时，也调动仓储资源与干线资源，提供以"四轮+二轮"多元运力组合运输、"城市仓+同城急送"模式为基础的医药物流服务，实现四轮运力满足长距离配送需求，二轮即时配送覆盖末端更广范围配送，并实现去中转场化。

（四）绿色化、逆向化、全球化成为行业发展的新增量

2023年，国家部委、地方政府部门相继发布碳达峰、碳排放、碳交易等建议及工作方案20余项，绿色化已成为企业高质量发展的重要内容，未来仓配企业绿色化发展已成为必选项。随着企业绿色化理念增强，绿色仓配领域的国家标准和行业标准日臻完善，地方政府重视碳排放监管与监控，行业绿色化发展将逐步由理念迈向实践，并释放仓配领域碳排放核查、

减碳、碳交易等服务需求，创造基于仓配领域的碳减排解决方案、碳交易工具，形成行业新业态。

2024 年 2 月，中央财经委员会第四次会议强调"鼓励引导新一轮大规模设备更新和消费品以旧换新，有效降低全社会物流成本"。会议指出，要推动各类生产设备、服务设备更新和技术改造，鼓励汽车、家电等传统消费品以旧换新，推动耐用消费品以旧换新。推动大规模回收循环利用，加强"换新+回收"物流体系和新模式发展。在产业转型升级、消费品更新换代背景下，逆向物流将迎来新的发展机遇。

在 SHEIN、Temu 和 TikTok Shop 等跨境电商平台海量订单的推动下，国内自主可控的集、运、仓、配的跨境物流建设体系初见雏形。然而，跨境电商平台的订单在许多国家的仓配履约需要依赖本土物流企业的合作才能完成，配送时效与国内相比有较大差距，在海外仓网络、末端配送网络、国际干线运输（空、铁、运）网络体系的建设上仍有诸多不足。未来，跨境物流要支撑中国企业全面出海，自身的服务能力仍有很大的提升空间。

中国仓储与配送协会研究室

2023 年城乡配送发展与趋势展望

一、2023 年城乡配送企业发展现状

2023 年第四季度，中国仓储与配送协会共同配送分会对部分城乡配送企业（主要包括经销商和第三方仓配企业）进行了调研。

（一）企业主营收入

2023 年，主营收入 4 亿元以上的企业占比 25.5%；主营收入 2000 万~4 亿元的企业占比 59.6%；主营收入 300 万~2000 万元的企业占比 14.9%。从利润角度来看，经销商、仓配企业的平均毛利率为 20%，最低为-8%。毛利率 10% 以上（含 10%）占比 17%；毛利率 1%~9% 占比 48.6%。

（二）共同配送率

2023 年，企业配送平均单程满载率不到 85%，较上年度下降 7 个百分点。满载率达到 100% 的企业占比 21.6%；满载率达到 90% 以上的企业占比 51.4%；满载率达到 70% 以上的企业占比 89.2%。返程空驶率居高不下，空驶率达到 90% 以上的企业占比 44%，企业平均空驶率为 74%。

（三）仓库利用率

2023 年，仓库利用率在 31%~50% 的企业占比 2%；仓库利用率在 51%~70% 的企业占比 6%；仓库利用率在 71%~90% 的企业占比 46.2%；仓库利用率在 90% 以上的企业占比 42.3%。一般企业的通行方法是，仓库为波峰业务量预留 20% 左右的面积。2023 年，企业对仓库利用率精打细算，仓库利用率达到 90% 以上的企业占比超过 40%，说明企业在收入与成本的压力下，不再冗余面积。

（四）标准化托盘应用

2023 年，企业运用标准化托盘占总统计量的 95%。租赁托盘占比 48%，自有托盘占比 52%。自有托盘的企业占调研企业总数的 78.8%，租赁托盘的企业占有托盘的企业 27%。

（五）延伸服务能力

面对市场压力，企业主动求变，通过延伸供应链服务追求新的增量和利润。一些之前只

做物流的企业开始导入商流，通过引入商流，增加利润；一些之前只做配送的企业开始涉足仓储，通过增加仓储的服务功能，开展仓配一体化来降低成本，抵御风险。根据中国仓储与配送协会共同配送分会不完全调查统计，仓配企业开始扩充，丰富业务种类，开展多样化、多元化经营。其中，仓储配送及供应链服务占比最大，占所有业务的 55%，通过退货加工、粘贴标签等增加增值服务；其他干线配送占 18%；快运快递占 5%；即时配送占 1%。

（六）企业信息化系统

根据中国仓储与配送协会共同配送分会调查统计，自主研发系统的企业占比 30%；合作开发系统的企业占比 7.7%。仓配企业普遍反映信息系统方面存在数据不准确、个性化不强、升级收费、开发功能少等问题。因此，对信息系统与自身业务的高契合度需求越发明显。头部企业根据自身需求定制或研发系统；中小企业在运营中，要求功能匹配，一步到位；SaaS 化平台对小微企业越发具有吸引力。

（七）配送企业路权

根据中国仓储与配送协会共同配送分会调查统计，2023 年个别城市对于城配车辆（燃油车、新能源车等）一律不限行，如郑州、石家庄等，但在部分城市拥有路权的企业占比 7%，拥有停车权的企业占比 26%。停靠难、通行难、装卸难依然是配送企业诉求反映比较突出的问题。2023 年，城乡配送企业发展平稳，但主营收入不乐观、共同配送率存在提升空间、仓库不再冗余面积、个别城市的城配车辆无路权等问题依然困扰着整个行业发展。

二、2023 年城乡配送发展特点

（一）电商配送时效越来越快

2023 年，"6·18""双 11"等电商购物季的竞争已延伸至配送时效的竞争。顺丰凭借独特的多班次配送能力和持续的模式创新，提供平均 6 小时送达的同城快递服务，深入拓展本地消费场景，服务多元本地生活；菜鸟凭借自建自营的仓库、配送团队，以及仓配一体的数智供应链体系，为天猫超市的"半日达"提供"1212"的配送模式，即以中午和晚上两个"12 点"为订单截点，中午 12 点前下单、当天晚上 9 点前送达，晚上 12 点前下单、次日中午 12 点前送达，人口数量千万级别以上的城市覆盖率将达到 100%，"半日达"订单满足 80%以上的本地订单，准点率超过 96%；京东物流上线"云仓达"服务，向经销商开放了京东物流配送体系资源，通过传统批发业务结合同城电商，将电商配送时效进一步缩短到半日达。

（二）配送平台进一步提升服务体验

2023 年 9 月，滴滴货运正式取消保证金，成为业内首个打破保证金制度的平台。同城货运平台取消保证金是重要的里程碑事件，一方面给予平台货运司机更多的尊重和选择权，减轻平台货运司机的经济负担和压力；另一方面保障平台货运司机的切实利益，为客户带来更好的服务体验，缓和货主、平台、司机之间的矛盾，实现三方共赢。

依托城市绿色货运试点，相关政府主导的公共配送信息平台建设稳步推进，目前已实现了政策发布、资讯服务、提供信息、路权管理、通行监管等部分功能。

（三）农村物流配送体系加快完善

2023年，城乡物流服务体系进一步加快完善，促进资源要素有序流动和农村消费升级。河北省武安市依托"四好农村路"建设和建制村100%通客车的运输网络资源，以城乡客运线路为网线，大力推进城乡客运、邮政快递、供销社、农村物流等既有运输网络融合发展，实现资源共享，积极培育"交邮下行、电商上行+共同配送"服务品牌；吉林省辉南县以客运站为载体，积极拓展货运物流、电子商务等服务功能，并统筹利用村屯物流资源，积极打造"一站多能农村物流驿站"服务模式，探索农村物流经营新模式；江苏省常熟市打造集农产品种植、农产品加工、农产品仓储、农产品运输、农产品销售于一体的跨业融通本地生态圈，形成了"数字新商超+跨业全融通+城乡广供配"农村物流发展模式。

（四）新能源车辆推广应用加速

2023年1月，工业和信息化部、交通运输部等八部门印发《关于组织开展公共领域车辆全面电动化先行区试点工作的通知》，试点期为2023—2025年，要求"试点领域新增及更新车辆中新能源汽车比例显著提高，其中城市公交、出租、环卫、邮政快递、城市物流配送领域力争达到80%"。2023年11月，工业和信息化部、交通运输部等八部门正式印发《关于启动第一批公共领域车辆全面电动化先行区试点的通知》，确定北京、深圳、重庆等15个城市为先行试点城市，新能源汽车推广将聚焦公务用车、城市公交车、环卫车、出租车、邮政快递车、城市物流配送车、机场用车、特定场景重型货车等领域。

从政策推进角度来看，全国第三批绿色货运配送示范工程已将新能源物流车推广至24个省份的77座城市，为新能源物流车的推广奠定了庞大的基础。从企业运营角度来看，根据中国仓储与配送协会共同配送分会对重点企业的调查统计，使用新能源的企业占比已达到30%，其中自有新能源车数量占比4.91%，外协车辆占比85.98%。

三、2024年城乡配送趋势展望

（一）共同配送成为降本增效的重要抓手

中央财经委员会第四次会议强调"降低全社会物流成本是提高经济运行效率的重要举措"，2024年政府工作报告中提出"实施降低社会物流成本行动"，降低全社会物流成本已成为推进实现物流业高质量发展的重要内容。共同配送通过共享物流可以大幅度减少无效的物流作业，提高物流资源利用率，有效降低社会物流成本，是仓配企业降本增效的重要抓手。仓配企业应在增强服务功能、扩大服务领域、提升服务质量与实效的同时，通过提升信息化水平，优化配载与配送线路，进一步提高单程满载率和返程车的利用率，实现降本提质。

（二）仓配企业开始转型重组

城乡配送带有较强的地域属性，导致传统配送企业中，区域型企业居多，拥有全国网络服务能力的配送企业相对较少。在经济增速放缓、存量竞争加剧的情况下，部分配送企业开始涉足仓储，通过增加仓储的服务功能，开展仓配一体化运营模式来降低成本，提高效率。这些配送企业进一步压缩了仓储企业的利润空间，倒逼仓储企业中的中小企业转型或重组。

（三）即时配送有望迎来新一轮提速

即时配送行业快速兴起，在促进消费、保障民生、扩大就业等方面发挥越来越重要的作用。即时配送一端链接商家和商品，另一端链接广大消费者，而在其之上生长出的"即时零售"模式则成为前所未有的便利性消费方式。2024 年 1 月 22 日，国务院常务会议审议通过《关于促进即时配送行业高质量发展的指导意见》，"最快 30 分钟送达"的极致体验，满足了用户对服务升级的需求，激发了更大的消费潜能，成为满足居民高质量消费的重要商业基础设施。政策利好之下，即时配送和即时零售行业有望迎来新一轮提速。

中国仓储与配送协会共同配送分会

2023 年冷链仓储发展回顾与展望

随着国家经济的稳定发展、居民健康消费理念逐渐提高，对冷链仓储的需求日益增强，2023 年，中国冷链仓储呈现出市场竞争压力加大、重视降本提质、科技投入加大、绿色发展等新的发展态势和特点。

一、2023 年冷链仓储回顾

（一）政策环境持续向好，冷链设施建设快速发展

2023 年，国家发展改革委、商务部、农业农村部等部委以及各地方政府部门持续加大对冷链物流的支持力度。国家发展改革委在原来 41 个国家骨干冷链物流基地的名单基础上，2023 年发布了新一批 25 个国家骨干冷链物流基地建设名单，至此国家骨干冷链物流基地已达 66 个。国家骨干冷链物流基地是依托存量设施群布局建设的大型冷链物流基础设施，是整合集聚冷链物流资源、优化冷链物流运行体系、促进冷链物流与相关产业融合发展的基础支撑、组织中心和重要平台，基地网络已覆盖 28 个省（自治区、直辖市）和新疆生产建设兵团。2023 年 4 月，商务部召开的乡村振兴工作领导小组会议提出，在抓好农产品冷链物流等方面采取更多务实举措，打响商务服务乡村振兴的特色品牌。农业农村部办公厅发布《关于继续做好农产品产地冷藏保鲜设施建设工作的通知》，强调要完善产地冷藏保鲜设施网络，推动冷链物流服务网络向乡村下沉，培育一批农产品产地流通主体，创新一批农产品冷链物流运营模式。

海南、江西、山东、浙江、安徽、甘肃、上海、内蒙古、广西等省（自治区、直辖市）分别印发文件，加快推进冷链物流网络体系建设，对冷链设施补短板项目采取税收减免、财政金融、基金投资等政策措施予以支持。在政策推动下，冷链设施快速发展，尤其是包括冷链集配中心在内的产地端基础设施的建设速度加快，为原产地低温产品的冷链物流发展提供了基础保障。据中国仓储与配送协会推算，截至 2023 年年底，全国冷库容积约为 2.5 亿立方米，同比增长 14.7%。

（二）市场竞争压力加大，冷链企业谨慎布局

2023 年，受冷链上下游企业（客户）业务量的影响，冷链仓储市场竞争压力加大。市场调研反馈及物联云仓平台数据显示，冷库租赁价格屡创新低，个别地区出现了"零租金入驻"的招商政策；部分地区的冷库空置率持续升高，个别地区的冷库空置率达到 30% 以上；部分企业营业收入下降，利润较往年有大幅降低乃至亏损。在此背景下，冷链企业竞争激烈，行业内优劣淘汰加剧。以重资产投入、单一运营模式的部分冷链企业逐渐失去竞争力，面临

生存危机。与此同时,部分冷链企业业务整体呈收缩态势,在新投资、布局仓库、费用支出等方面都持谨慎态度。

(三)重视降本提质,提升服务能力

市场竞争压力加大和冷库闲置增多,为冷链上下游企业(客户)提供了更多选择空间,倒逼冷链企业扩大服务范围、提升服务能力。2023年,冷链企业从战略规划、管理理念、冷库节能、新技术使用、运作模式、作业标准化、人员使用、成本控制等方面进行调整、优化。例如,打破"重业务、轻管理"的常规意识,注重流程精益化运作和抱团发展,进行人员优化等。大多数冷链企业均致力于仓配一体化转型,积极探讨供应链金融与产业如何深度融合等多种模式。

(四)冷链科技升级加速,冷链技术走向海外

随着各种技术的进步与发展,越来越多的冷链企业对全程数字化管理更加关注。

在数字化"软件"方面,温控技术、数字化管理系统在冷链仓储与配送各个环节中得到应用与认可。例如,上海山诺制冷电器设备工程有限公司通过建立冷库设施信息平台,实现了对温度、湿度、耗电、耗能等参数的实时监控,以及全流程可视化管理,对提升企业的日常管理、降低能耗提供了强有力的保障。

在"智能化"硬件方面,立体化智能仓储、四向穿梭车等技术在逐步应用于冷链仓储场景,此类技术的应用提高了冷链仓储入库、在库管理、出库等环节的效率,为产品质量提供了保障。适应大型复杂物流项目的冷链自动化装备也已投入运营。例如,湖北普罗格科技股份有限公司研发的四向穿梭车在良品铺子股份有限公司、大咖国际食品有限公司、蚌埠大成食品有限公司等企业的冷库仓储中取得了良好的使用效果。

同时,2023年冷链科技出海现象初现。例如,湖南省优泰门业有限公司在泰国曼谷准备投资工厂,把冷库门技术推向海外市场;湖北普罗格科技股份有限公司在日本设立分公司,并凭借其高性能的托盘四向穿梭车产品和丰富的行业应用经验,成功打开日本市场,普罗格日本分公司为日本某制药企业旗下的一个药品仓库实施了托盘四向穿梭车系统,这也是普罗格进入日本市场的第一个落地项目。

(五)低碳环保越来越受到重视

在国家双碳目标的推动下,绿色环保成为冷链行业的新要求,特别是如何实现节能减排成为发展的重要方向。光伏技术、冷库储能、新能源车辆、车辆隔温板、立式侧吹风幕机等技术逐渐在冷链行业内推广。万纬物流上海临港园区在所有仓库屋顶架设了分布式光伏系统,采用人体感应LED照明,用热氟融霜代替电融霜,使用可循环木制托盘和电动叉车等,同时用智慧化手段为园区的节能降耗赋能。以屋顶光伏为例,经估算,其年均发电量足以覆盖园区1—3号库及综合楼的日常运营用电,从而实现园区运营阶段零碳排放;中化学赛鼎科创产业发展有限公司研发的有机相变材料在冷库蓄冷、冷链运输等方面已经投入使用,并取得了良好的效果。相关数据显示,2023年我国新能源冷藏车总销量为4583辆,同比增长56.9%,吉利远程、地上铁等公司都在冷链城配区域着力布局新能源冷藏车。河南大河四季冷链物流

有限公司购入的 100 台氢能源冷藏车也已经投入使用。

二、2024 年冷链仓储发展展望

随着冷链设施标准化建设、应用技术持续创新，2024 年冷链仓储围绕设施质量提升、模式创新、拓展出海等方向发展，进一步推动我国冷链行业的高质量发展。

（一）市场规模将维持增长趋势

2024 年是国家"十四五"规划的倒数第二年，根据《"十四五"冷链物流发展规划》中的发展目标和重点要求，加上产地基础设施的建设以及减少农产品产后损失的需求，更多的农产品将会纳入预冷、储存的范围，冷链仓储将会迎来进一步的发展。随着经济的逐步回暖，2024 年冷链市场规模有望稳中有升，但发展速度将有所放缓。

（二）冷链设施质量进一步提升

国家以及各地政府将陆续出台对冷链设施的相关政策；对已有冷链设施、冷藏车等基础设施进行升级改造，冷库存量设施会得到进一步优化；冷链新项目的投入建设更加注重与产业相结合，更加注重可操作性。随着国家区域化布局以及城乡差距的缩小，冷链设施网络将逐渐覆盖至三四线城市以及城镇等更广泛的地区。

（三）拓展冷链运营新模式

延伸冷链产业链，提升企业内部管理、运营组织的效率和服务能力成为冷链仓储探讨的焦点。商贸型仓储企业逐渐向社会公共型转变；自有型冷链设施逐步向公共型冷库转型；农产品冷链从产地到销地有望产生良好的运作模式；跨界合作、产融结合、延伸产业链条经营等新模式会相继出现。以上发展形势都将为冷链仓储模式创新提供良好的基础。

（四）绿色低碳持续关注

随着国家低碳环保政策的加强，绿色环保将持续成为冷链行业的重点关注方向。冷链技术企业将更加注重环保技术的研发和应用，冷链运营企业会采用更多的环保技术，推动节能减排和资源循环利用，提升企业自身的绿色属性，吸引更多的消费者和市场份额；冷链企业会在运营方面更加注重流程化、标准化，同时，新能源冷链车的发展依旧是未来配送特别是城市配送的趋势。

（五）冷链仓储建设与运营技术持续出海

随着中欧班列、"一带一路"倡议的展开以及全球低温产品互融互通、商贸一体化的加速，国内冷链多式联运、铁路运输等多种方式为相关沿线国家提供了诸多便利。中国冷链仓储在自动化、集成化、数智化与运营管理等方面的先进技术也会逐步走出国门，为实现国内国际在冷链仓储的双循环提供技术支撑。

中国仓储与配送协会冷链分会

2023 年金融仓储发展与展望

为贯彻落实党的二十大精神，坚持把发展经济的着力点放在实体经济上，坚持金融服务实体经济，越来越多的金融机构积极开展存货（仓单）融资业务。在此背景下，金融仓储行业规模呈整体增长态势。但行业依然存在整体数字化水平参差不齐、担保存货第三方管理企业作业流程不标准、金融仓储相关保险购买难、货物权属确认规则不清晰等问题。因此，仓储类行业协会依托行业自律、十年研讨成果，并与行业专家联手，共同推进存货（仓单）融资，共同开展人才培养和指导，共促行业标准化、规范化发展，为金融仓储行业高质量发展提供源动力。随着我国法律法规的不断完善和政策环境的不断优化，新一代信息技术的应用将持续推动我国存货融资、电子仓单融资、电子货权融资成为行业发展的新趋势。

一、2023 年金融仓储发展情况

（一）业务规模稳步增长

中国仓储与配送协会金融仓储分会对会员及重点企业的调查统计结果显示，2023 年企业管理担保存货的年平均贷款金额为 21.56 亿元，同比增长 3.1%。企业平均监管点与监控点数量（以独立库区为单位）为 133 个，其中，监管点与监控点占比分别为 42%、58%；企业平均服务的借款人数量为 114 个，同比增长 32%。

图 1　金融仓储企业管理担保存货的年平均贷款金额及增长比例

（二）服务对象仍以银行业金融机构为主

2023 年金融仓储企业的服务对象仍以银行业金融机构为主，占比达到 92.87%，同比增长 6.57%。在金融机构中，以农村信用社、农村商业银行、村镇银行的存货融资项目数量最多，占比为 59.15%。

表 1　2023 年金融仓储企业服务信贷机构的存货融资项目数量占比（%）

信贷机构 年份	大型国有控股 商业银行	全国股份制 商业银行	城市商业银行	政策性银行	农村信用社、 农村商业银行、 村镇银行	非银行 金融机构
2023 年	9.01	8.12	14.86	1.73	59.15	7.13
2022 年	8.46	9.84	15.45	1.17	51.38	13.70
增降幅度	6.50	-17.48	-3.82	47.86	15.12	-47.96

（三）金融机构积极拓展电子仓单融资模式

金融机构在业务中，进一步加强数据要素在风控方面的作用，通过金融仓储业务穿透产业链条，获取商流、物流、信息流、资金流数据，交叉验证、对比印证，实现场景穿透、业务穿透、权属穿透，支持其开展电子仓单融资业务。例如，日照银行运用"物联网+区块链"技术，在港口系统关键节点采集货物仓储、物流数据，作为生成标准化、格式化电子仓单的基础，2023 年该行存货（仓单）质押融资业务中有 50% 的业务以标准化、格式化的电子仓单质押形式开展；建设银行积极推进电子仓单质押业务在不同品类中的试点工作；华夏银行积极推进数字化转型，探索和创设匹配数字经济发展进程的产业数字金融新模式，从产业数字化和金融数字化相结合出发，通过"数字+产业+金融"的服务模式来开展电子仓单融资业务。

（四）中小微企业仍是借款主体

根据中国仓储与配送协会金融仓储分会不完全统计，2023 年借款人结构与往年相同，按借款人规模划分，大型企业占比 5.31%、中型企业占比 27.84%、小微企业占比 41.33%、个体经营者占比 25.52%，中小微企业及个体经营者占比达 94.69%。由此看出，存货（仓单）融资业务对于促进实体经济发展，特别是解决中小微企业及个体经营者的融资难问题，具有重要意义。

（五）全国性可流转仓单体系运营稳步推进

在全国性可流转仓单体系中，中仓登数据服务有限公司运营的仓单信息登记平台，持续为金融仓储行业提供基础服务，已经形成"三登记+两确认"的服务体系。"三登记"指仓库公示登记、货权公示登记、仓单公示登记；"两确认"指仓储企业对货物信息、仓单信息确认公示、电子仓单运营关系唯一性确认公示。该平台还为金融仓储行业提供货权管理服务，以进一步保障存货权利人的权利，帮助存货权利人对存货进行特定化、有效交付、持续控制、公示货权，通过对货权的全周期管理解决在交易或融资场景下权利人确权的问题。

二、2023年金融仓储发展特点

（一）行业政策更加细化明确

2023年，在国家出台一系列政策鼓励金融机构支持实体经济的情况下，全国有16个以上省市在制定其金融、商贸、市场建设的相关政策时，将"仓单"及其应用场景纳入重点考量。2023年10月，最高人民法院发布《关于优化法治环境 促进民营经济发展壮大的指导意见》，明确指出"对符合法律规定的仓单、提单、汇票、应收账款、知识产权、新类型生态资源权益等权利质押以及保兑仓交易，依法认定其有效"，从法律层面维护了仓单作为权利凭证的有效性。

2023年5月，国家金融监督管理总局成立，通过强化机构监管、行为监管、功能监管、穿透式监管、持续监管，并加强风险管理和防范处置，维护金融业合法稳健运行，为我国规范金融发展提供良好的环境。

（二）金融仓储生态初步建成

2023年11月，在"2023中国金融仓储创新发展大会暨华夏银行产业数字金融峰会"期间，中国仓储与配送协会联合华夏银行、中仓登数据服务有限公司，首次向行业发布金融仓储生态图谱，明确了金融仓储业务所涉及的各类主体类型，包括金融仓储企业、金融机构、科技企业、供应链管理企业、交易所、基础设施、支持性服务机构、地方政府等，厘清了业务主体之间的关系与责任边界，通过对金融仓储行业进行全景与结构展示，有效规避因主体多样导致职责不清晰等问题，让各类业务主体在金融仓储业务中明确自身的发展定位，找到未来发展路径。

图 2　金融仓储生态图谱

（三）电子仓单标准化不断完善

2020 年颁布的《中华人民共和国民法典》对仓单和入库单等凭证进行了明确区分，同时，随着信息技术的发展，仓单逐步电子化。因此，中国仓储与配送协会和中国期货业协会共同组织国家标准《仓单要素与格式规范》的修订工作。修订工作借鉴了国际《仓单示范法》相关内容，对《中华人民共和国民法典》关于仓单的八项要素进行分类、细化、补充，明确电子仓单是仓单的一种类型，其权利与纸质仓单没有区别；明确仓单的要素与格式，为仓储企业出具标准化、格式化的（电子）仓单提供了基础；并针对可开具仓单的仓储企业，对其设备设施、信息系统，以及支持仓单开具的技术服务均提出了要求。

（四）科技助力金融仓储模式创新

随着新一代信息技术的发展，越来越多的金融机构采取"金融+科技+仓储+货主"合作模式，通过金融科技公司提供仓库改造、仓单信息交互、保障单货一致的整体解决方案。例如，中信梧桐港聚焦钢材领域，运用金融科技强化技术管理，通过仓单运营平台出具电子仓单，支持金融机构为钢材领域借款人提供融资；66 云链专注液体石化行业，通过与华夏银行共同打造"数贷通+数字仓单"，为石化企业融资提供解决方案；民熙科技针对粮食产业（特别是玉米），开展电子仓单融资业务；山东水发大正物联科技对仓储企业及仓库进行数字化改造，为济宁金乡大蒜产业融资，提供技术监控服务模式。

（五）担保存货管理标准化评价得到金融机构认可

金融机构为贯彻落实《关于推动动产和权利融资业务健康发展的指导意见》中"对于合作监管方，应评估其监管能力和赔偿能力，明确准入条件，实行名单制或分级管理"的要求，在招标及准入两种形式中对监管方提出资质要求，比如中国银行、农业银行、固始农村商业银行、黄河农村商业银行等多家金融机构在招标文件明确提出担保存货管理资质、部分信用社及农村商业银行将担保存货管理企业资质作为准入门槛。

三、金融仓储发展面临的问题

（一）新增管理企业良莠不齐，行业规范发展面临挑战

我国对担保存货管理企业尚未建立前置审批或后期备案的制度，也未建立行业准入门槛，大量新成立的企业及转型企业涌入；越来越多的仓储物流企业、金融科技公司、平台公司、咨询服务公司在自有服务的基础上，叠加提供存货管理服务。据中国仓储与配送协会金融仓储分会调研了解，新成立不足 3 年的企业，因自身欠缺对行业专业知识的了解，缺乏规范性、标准化作业流程，对行业规范化发展提出了挑战。

（二）传统监管服务科技转型面临挑战

传统担保存货管理企业主要通过"人防+技防"进行现场监控，技术防控主要依赖视频

及报警进行监控。随着新一代信息技术的发展，金融机构希望通过仓储数字化改造，以及线上全流程数字化监管的方式，全面实现技术远程控货。但在国家提倡减轻中小企业融资负担、金融机构不断降低融资费率的情况下，担保存货管理企业所收的费用无法支撑技术的投入，特别是担保存货管理企业的业务场景众多、所需技术不同，无法全面或一次性进行数字化转型升级，传统监管方技术转型困难重重。

（三）存货权属不清晰，导致行业发展受限

无论是大宗商品，还是其他贸易项下存货，普遍存在所有权和占有权分离的情况，即一般情况下由仓储企业占有货物、保管货物。所以在实际运作中，一旦发生一货多卖的纠纷，或者存在仓库里面的货物因为其他货主的诉讼案件而错误查封，真实的货主往往缺乏有效的手段证明存储在仓库中的货物属于自己，无法申请快速解封。

在存货（仓单）融资场景中也存在类似的问题。中国仓储与配送协会专家团队，对过去 10 年大宗商品领域涉及存货的仓储、交易和融资的涉案金额超过 1000 万元的 4259 起案件进行了系统分析。在导致金融机构败诉的原因中，占比靠前的原因主要是：金融机构无法有效确认质押物的权属、无法有效证明自己对质押物权属确认尽到了审慎调查义务（确权难，权属确认难，无法确认前手货权，也就是说无法证明自己是善意第三人）、无法证明质权已有效设立、无法在法庭上提交一份证明自己是权利人的有效证明文件。经对中国裁判文书网近 5 年公布的数据分析发现，在 21204 件涉及仓储和存货（仓单）借款合同的纠纷案件中，约 18.2% 与仓库要素不清晰相关。这些问题限制了行业的规范、快速发展。

（四）金融仓储业务保险购买难，制约行业发展

2021 年，国家在鼓励金融机构开展存货（仓单）融资时，同步提出保险要参与融资风险市场，建立风险分担机制。但金融仓储企业却无法购买到监管责任险。基于存货的财产险，受 2023 年江西、北京、河北涿州等多地暴雨的影响，保险公司对第三方仓储物流企业的仓库准入条件加严，在降低最高保额的同时，提升了费率，企业购买保险的成本增加。同时基于生产加工型企业自有的存货，在涉及融资时，很难购买到相关的保险，导致企业融资困难。

通过仓单进行融资，已成为部分银行的创新产品，但市场上并没有与之相匹配的仓单险，限制了仓单融资业务的规范发展。

四、金融仓储趋势展望

（一）电子仓单融资业务将快速发展

随着新一代信息技术的不断发展，电子仓单的流转交易及融资经验的逐步积累，以及《仓单示范法》《电子可转让记录示范法》在我国的实践，电子仓单标准化、格式化通过国家标准《仓单要素与格式规范》得以规范，行业公共性服务及货权登记公示等一系列基础服务的完善，为电子仓单融资业务提供了良好的行业基础。这些都将有助于金融机构落实中国银保监会、中国人民银行印发的《关于推动动产和权利融资业务健康发展的指导意见》（银保

监发〔2022〕29 号）中提出的"支持接受监管方签发的标准化、格式化电子仓单""优化商品和货权融资业务"，将促进我国电子仓单融资业务快速发展。

（二）培养专业人才，规范行业发展

金融仓储行业市场潜力巨大，至少存在 30 万亿元的市场空间，对行业专业人才的需求存在巨大空间。因此，相关仓储类行业协会在加强《担保存货第三方管理规范》《仓单要素与格式规范》《全国性可流转仓单体系运营管理规范》等标准宣贯的同时，要积极开展对担保存货企业相关各方的专业人才的培养，结合行业需求，推进金融仓储人才梯队培养及规划职业发展方向，与高职院校联合培养金融仓储创新人才，并与企业、机构的用人需求对接，形成完善的人才培养闭环模式，为行业输送更多的专业人才。

（三）产业链平台全流程监控，提升金融仓储服务能力

实体经济的发展离不开金融的支持，部分金融科技公司通过与政府合作搭建产业平台，将产业链生态各方引入平台，实现产业链上商流、物流、资金流、信息流的整合与闭环管理，实现产业链上下游多方联动，形成数据资产。依托产业平台数据，金融机构能够针对不同阶段的企业发展需求设计多样化的金融产品，产业链条上的原材料、半成品、产成品等都是金融机构看重的优质资产；仓储企业作为产业链平台核心节点之一，依托平台实现转型升级，提供金融仓储服务，以产业链平台的全程监控为基础的存货（仓单）融资业务，将成为金融仓储发展的重要场景。

中国仓储与配送协会金融仓储分会

2023 年通用仓库和冷库市场发展与展望

一、2023 年全国仓库市场分析①

物联云仓平台数据显示，2023 年我国仓库总建筑面积达 4.01 亿平方米，同比增长 6.19%。其中，通用仓库面积为 37033.7 万平方米，占比 92.26%；冷库面积约为 3108.4 万平方米（容积为 13904.6 万立方米），占比 7.74%。

（一）通用仓库②

随着一系列促进物流仓储设施提质改造的政策发布与实施，以及高标库能够大幅提升单位面积的存储货量、缩短分拣货物时间，从而降低单位成本、提升运营效率，通用仓库高标库面积占比逐年增加。

2023 年，高标库面积为 14957.9 万平方米，占比达到 40.39%，较上年增加 3.22 个百分点；非高标库面积为 22075.8 万平方米，占比为 59.61%。

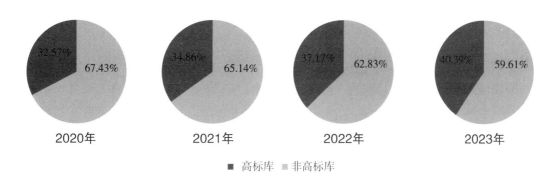

图 1　2020—2023 年中国通用仓库高标库和非高标库的占比变化

数据来源：物联云仓数字研究院

（二）冷库③

近年来，随着我国经济的快速发展和消费水平的提高，对冷库设施的需求也越来越大，冷库规模也逐渐增大。

---

① 数据说明：本报告中提到的全国、区域及城市的通用仓库与冷库规模，均来自物联云仓平台的数据。
② 通用仓库：亦称"普通仓库"，指除冷藏冷冻物品、危险化学品等具有特殊要求的物品外，能够满足一般储存要求的仓库。
③ 冷库：采用人工制冷降温并具有保冷功能的仓储建筑群，包括制冷机房、变配电间等。

二、区域仓储市场分析

（一）仓储资源情况

2023 年，仓储资源存量排名依次为东部地区、西部地区、中部地区、东北地区；新增供应面积排名依次为东部地区、中部地区、西部地区、东北地区。

表 1　2023 年全国仓储资源存量分布情况

地区	通用仓库（万平方米）	通用仓库全国占比	通用仓库高标库占比	冷库（万立方米）	冷库全国占比
东北地区	2137.0	6.21%	35.80%	803.6	5.78%
东部地区	19991.5	58.73%	48.32%	8054.8	57.93%
中部地区	7384.5	21.36%	32.47%	2579.1	18.55%
西部地区	7520.7	22.08%	34.38%	2467.1	17.74%

表 2　2023 年全国仓储资源新增供应面积

地区	通用仓库（万平方米）	冷库（万立方米）
东北地区	12.8	82.8
东部地区	1795.8	536.1
中部地区	339.6	194.4
西部地区	237.9	84.3

1. 东北地区

2023 年，东北地区部分城市持续加大仓库整治力度，对不合规的仓库进行拆除与改造，整体仓储面积较 2022 年有所减少。

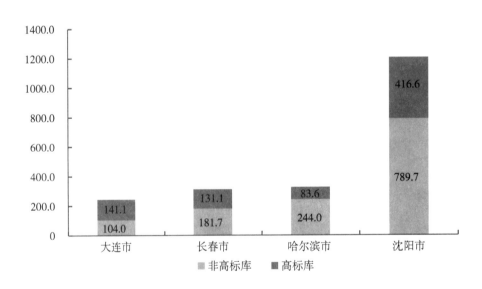

图 2　2023 年东北地区重点城市通用仓库面积情况（单位：万平方米）

数据来源：物联云仓数字研究院

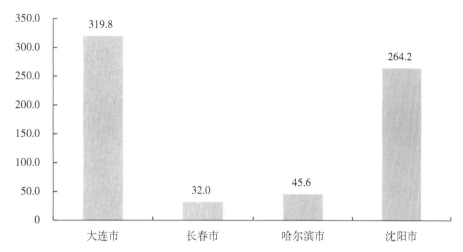

图 3　2023 年东北地区重点城市冷库容积情况（单位：万立方米）

数据来源：物联云仓数字研究院

2. 东部地区

2023 年，东部地区通用仓库主要分布在上海、广州、苏州等城市；冷库主要分布在上海、广州、天津等城市。

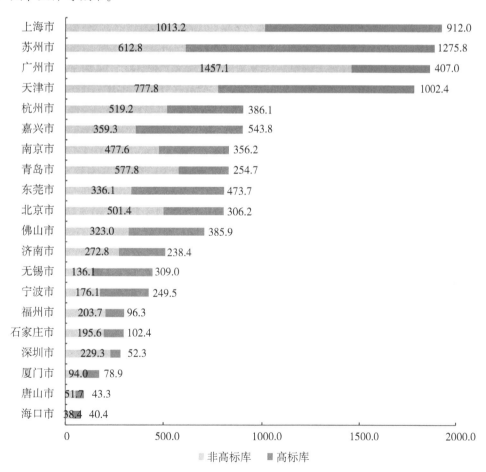

图 4　2023 年东部地区重点城市通用仓库面积情况（单位：万平方米）

数据来源：物联云仓数字研究院

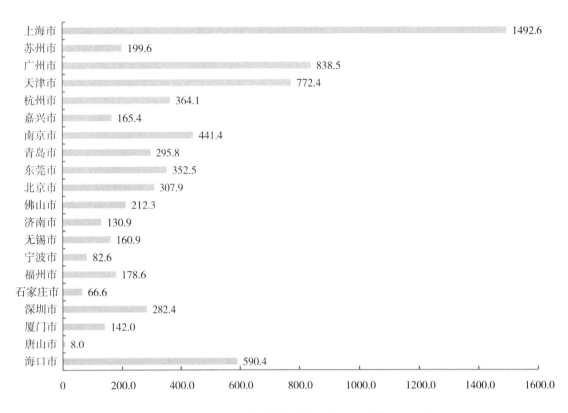

图 5　2023 年东部地区重点城市冷库容积情况（单位：万立方米）

数据来源：物联云仓数字研究院

3. 中部地区

2023 年，中部地区通用仓库主要分布在武汉、郑州等城市；冷库主要分布在武汉、长沙等城市。

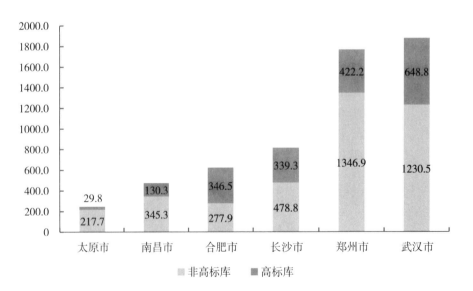

图 6　2023 年中部地区重点城市通用仓库面积情况（单位：万平方米）

数据来源：物联云仓数字研究院

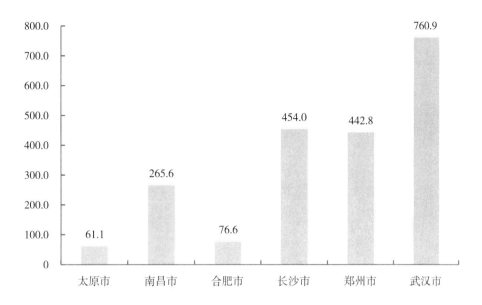

图 7 2023 年中部地区重点城市冷库容积情况（单位：万立方米）

数据来源：物联云仓数字研究院

4. 西部地区

2023 年，西部地区通用仓库主要分布在成都、重庆等城市；冷库主要分布在成都、重庆等城市。

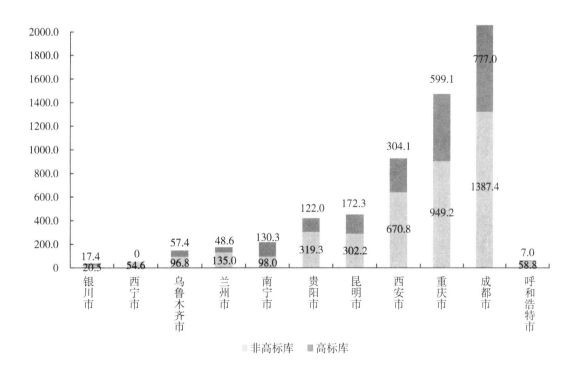

图 8 2023 年西部地区重点城市通用仓库面积情况（单位：万平方米）

数据来源：物联云仓数字研究院

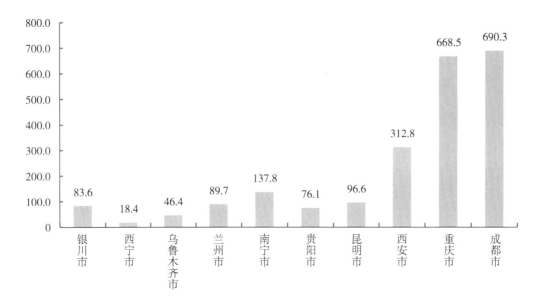

图 9　2023 年西部地区重点城市冷库容积情况（单位：万立方米）

数据来源：物联云仓数字研究院

（二）仓库需求情况

2023 年，四个区域的仓库需求类型均以仓库租赁为主，其次为仓库代管。省会城市及重要枢纽城市需求较为旺盛。

东北地区：仓库需求面积占全国的 4.02%，仓库需求相对较少；以通用仓库需求为主，冷库需求较少；需求主要集中在哈尔滨、沈阳等城市。

东部地区：仓库需求面积占全国的 54.62%，仓库需求相对较多；通用仓库需求主要集中在苏州、杭州等城市，冷库需求主要集中在上海、宁波、广州等城市。

中部地区：仓库需求面积占全国的 16.56%；通用仓库需求主要集中在武汉、合肥等城市，冷库需求主要集中在武汉等城市。

西部地区：仓库需求面积占全国的 24.80%；通用仓库需求主要集中在成都、昆明等城市，冷库需求主要集中在成都、西安等城市。

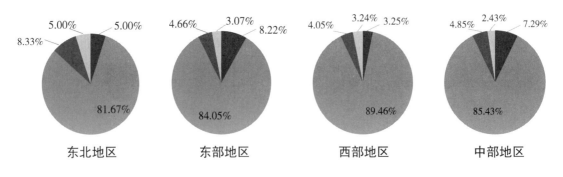

图 10　2023 年各区域的地区仓库租赁类型占比情况

数据来源：物联云仓数字研究院

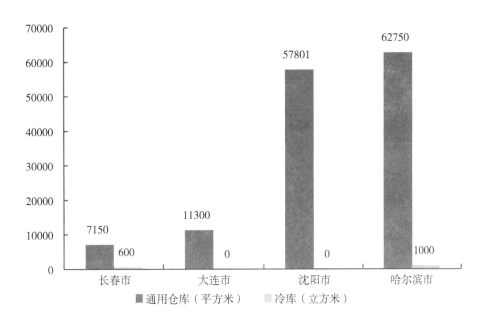

图 11　2023 年东北地区重点城市仓库需求排名情况

数据来源：物联云仓数字研究院

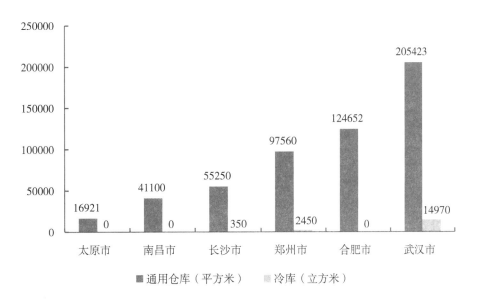

图 12　2023 年中部地区重点城市仓库需求排名情况

数据来源：物联云仓数字研究院

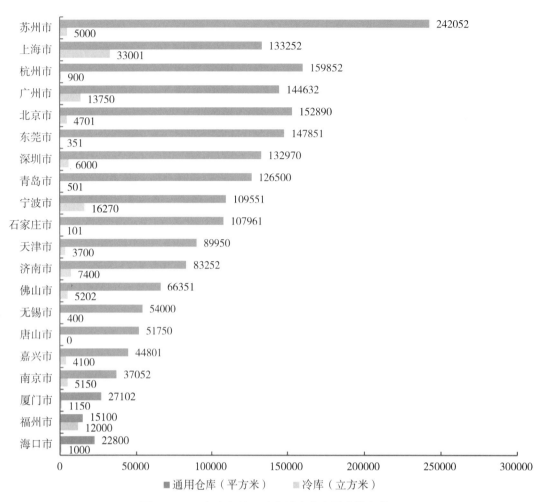

图 13   2023 年东部地区重点城市仓库需求排名情况

数据来源：物联云仓数字研究院

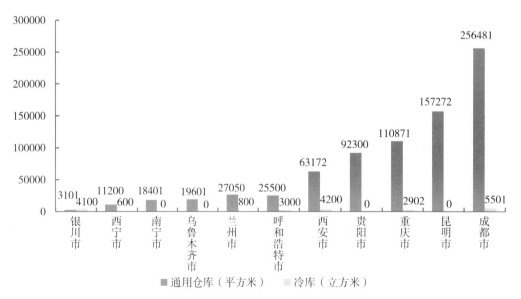

图 14   2023 年西部地区重点城市仓库需求排名情况

数据来源：物联云仓数字研究院

（三）租金与空置率情况

通用仓库平均租金为 23.25 元/（平方米·月），通用仓库空置率为 16.53%；冷库平均租金为 86.00 元/（平方米·月），冷库空置率为 17.55%。按地区划分，东部地区仓储需求旺盛，去化难度相对其他区域较为乐观，因此东部地区为通用仓库平均租金最高的区域；东北地区需求有限，且由于市场存量较多，因此东北地区为通用仓库空置率最高的区域。

表 3　通用仓库和冷库的租金与空置率情况

地区	通用仓库租金（元/（平方米·月））	通用仓库空置率（%）	冷库租金（元/（平方米·月））	冷库空置率（%）
东北地区	16.50	23.12	78.03	21.21
东部地区	24.38	13.78	90.07	18.87
中部地区	19.87	12.74	78.70	21.34
西部地区	19.42	16.65	81.58	11.82

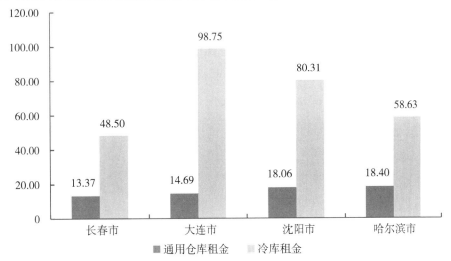

图 15　2023 年东北地区重点城市租金情况（单位：元/（平方米·月））

数据来源：物联云仓数字研究院

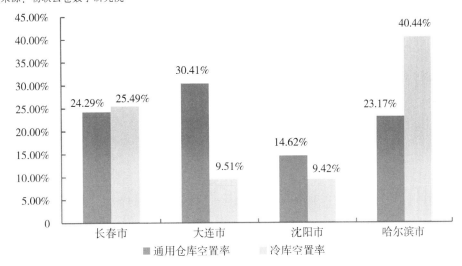

图 16　2023 年东北地区重点城市空置率情况

数据来源：物联云仓数字研究院

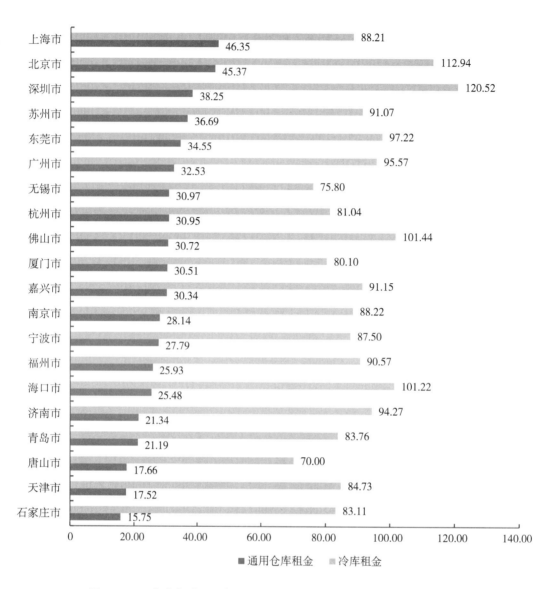

图 17 2023 年东部地区重点城市租金情况（单位：元/（平方米·月））

数据来源：物联云仓数字研究院

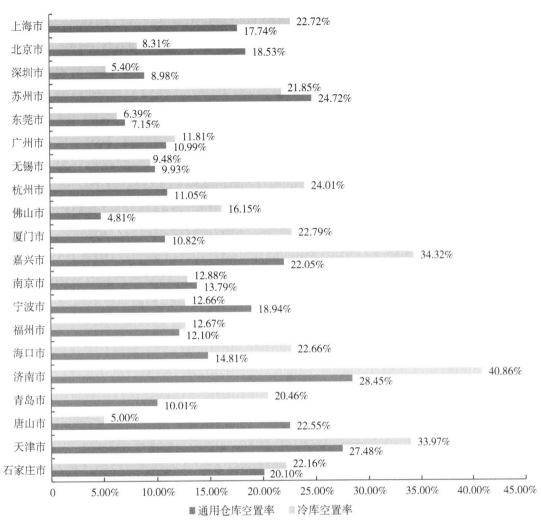

图 18　2023 年东部地区重点城市空置率情况

数据来源：物联云仓数字研究院

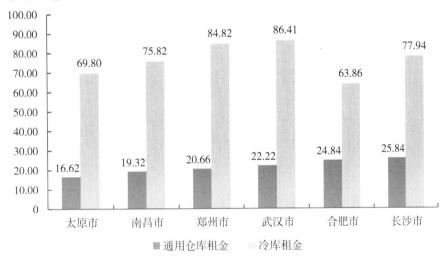

图 19　2023 年中部地区重点城市租金情况（单位：元/（平方米·月））

数据来源：物联云仓数字研究院

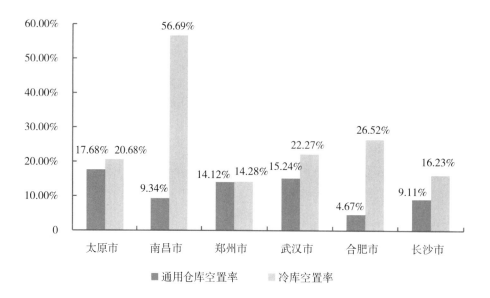

图 20　2023 年中部地区重点城市空置率情况

数据来源：物联云仓数字研究院

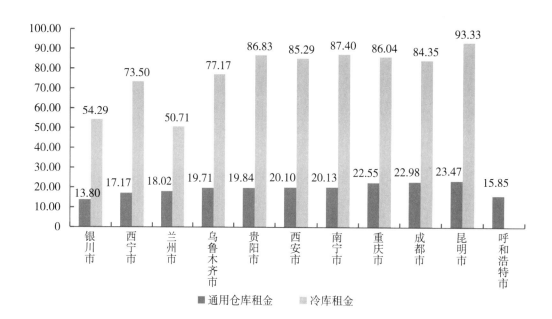

图 21　2023 年西部地区重点城市租金情况（单位：元/（平方米·月））

数据来源：物联云仓数字研究院（呼和浩特市的冷库租金数据暂时无法提供）

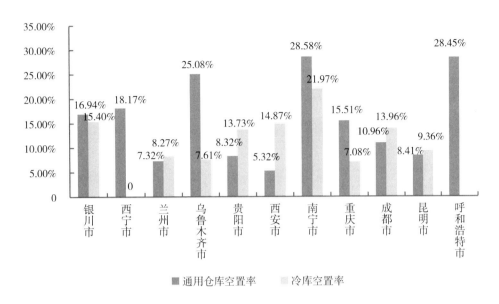

图22　2023年西部地区重点城市空置率情况

数据来源：物联云仓数字研究院（呼和浩特市的冷库空置率数据暂时无法提供）

（四）仓储用地交易情况

表4　仓储用地交易情况

地区	用地交易次数（起）	用地交易面积（亩）	重点城市
东北地区	20	1492.0	沈阳市成交面积为832.3亩
东部地区	136	12900.0	天津市成交面积为2246.8亩
中部地区	56	5487.2	郑州市成交面积为2388.9亩
西部地区	87	5507.7	成都市成交面积为1958.0亩

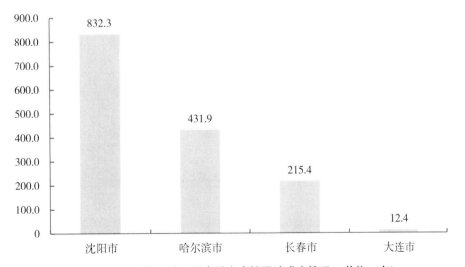

图23　2023年东北地区重点城市仓储用地成交情况（单位：亩）

数据来源：中国土地市场网、物联云仓数字研究院

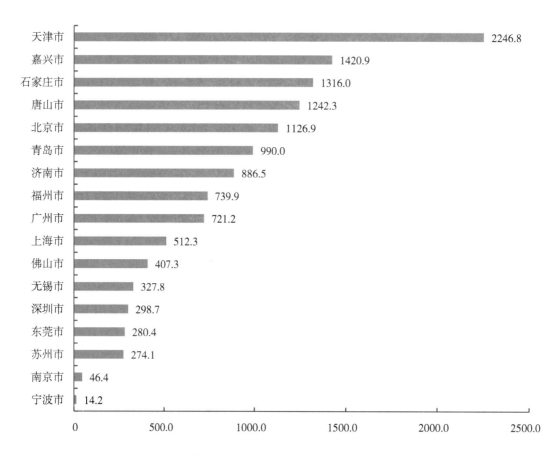

图 24　2023 年东部地区重点城市仓储用地成交情况（单位：亩）

数据来源：中国土地市场网、物联云仓数字研究院

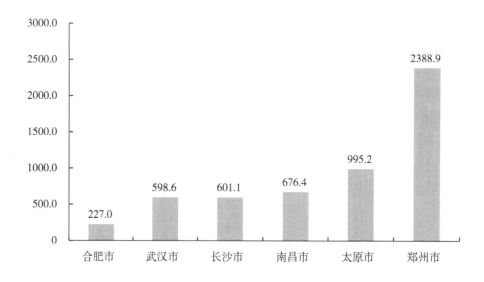

图 25　2023 年中部地区重点城市仓储用地成交情况（单位：亩）

数据来源：中国土地市场网、物联云仓数字研究院

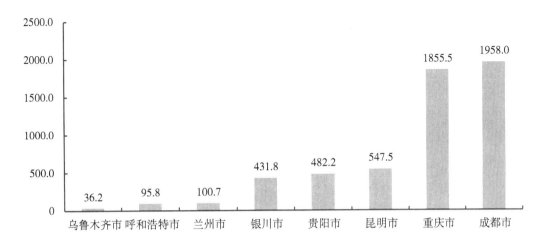

图 26　2023 年西部地区重点城市仓储用地成交情况（单位：亩）

数据来源：中国土地市场网、物联云仓数字研究院

三、物流地产公募 REITs 情况

仓储设施属于重资产投资，持续存在资金缺口，亟须通过存量仓储物流项目发行基础设施 REITs 回收资金的方式，筹措新增投资仓储物流的资金。2023 年有 2 只仓储物流设施公募 REITs 扩募份额，3 只仓储物流设施公募 REITs 申报中国证监会、证券交易所的公募 REITs。

（一）公募 REITs 扩募情况

2023 年，2 只仓储物流设施公募 REITs 扩募份额在证券交易所上市。

表 5　2023 年仓储物流扩募发行公募 REITs 基本情况

序号	基金代码	基金名称	交易场所	扩募方式	扩募决议生效日
1	508056. SH	中金普洛斯 REIT	上海	定向扩募	2023/6/2
2	180301. SZ	红土创新盐田港 REIT	深圳	定向扩募	2023/6/2

数据来源：Choice、国泰君安资管

（二）公募 REITs 申报受理情况

2023 年，3 只仓储物流设施公募 REITs 申报中国证监会、证券交易所的公募 REITs。

表6 2023年仓储物流公募REITs申报/获批基本情况

序号	名称	行业类型	申报场所	申报类型	项目状态	受理日期
1	中航易商仓储物流封闭式基础设施证券投资基金	仓储物流	上海	首发	已受理	2023/12/8
2	华泰紫金宝湾物流仓储封闭式基础设施证券投资基金	仓储物流	深圳	首发	已受理	2023/12/8
3	华夏深国际仓储物流封闭式基础设施证券投资基金	仓储物流	深圳	首发	已受理	2023/12/8

数据来源：Choice、国泰君安资管

（三）已上市公募REITs情况

2023年，仓储物流设施公募REITs达成全年可供分配金额目标，整体完成率与2022年基本持平。在可供分配金额方面，仓储物流设施公募REITs的2023年度可供分配金额超额完成预期水平，但总市值均有不同程度的下跌。

表7 2023年已上市的仓储物流设施公募REITs市值情况

序号	基金代码	基金名称	2023年末现价（元）	2023年总市值涨跌幅	上市以来总市值涨跌幅	2023年度营业收入（万元）	2023年度营业收入预算完成率	2023年度可供分配金额（万元）	2023年度可供分配金额预算完成率
1	508056.SH	中金普洛斯REIT	3.410	-36.82%	-14.03%	42856.12	99.37%	35111.04	114.03%
2	508098.SH	嘉实京东仓储基础设施REIT	3.378	-3.87%	-3.87%	10413.77	100.30%	7406.53	108.69%
3	180301.SZ	红土创新盐田港REIT	2.356	-23.68%	-0.36%	13137.83	103.80%	9603.45	105.27%

数据来源：Choice、国泰君安资管

仓储物流设施公募REITs 2023年末P/NAV[①]均低于全年P/NAV平均值，结合走势图，2023年产权类公募REITs二级估值水平持续下降。

---

① P/NAV：即股价/净资产。

表 8　2023 年产权类公募 REITs 二级估值情况

序号	基金代码	基金名称	2023 年末 P/NAV	2023 年 P/NAV 平均值
1	508056.SH	中金普洛斯 REIT	0.92	1.16
2	508098.SH	嘉实京东仓储基础设施 REIT	0.95	1.08
3	180301.SZ	红土创新盐田港 REIT	1.02	1.18
仓储物流设施公募 REITs 平均值			0.96	1.14

数据来源：Choice、国泰君安资管

业内人士认为，部分 REITs 价格破发可能是由于市场情绪过度悲观所致，而非底层资产基本价值发生重大变化。随着二级市场价格的超跌反弹，以及长线资金的陆续落地和政策上会计记账方式的调整等利好因素的出现，公募 REITs 的长期配置价值逐渐显现，值得投资者持续关注。

仓储物流设施 REITs 作为一种重要的投资工具，其运营稳定性和配置价值在市场中具有显著地位。通过深入分析和理解其运营特点、潜在风险以及市场前景，投资者可以更好地把握投资机会，实现资产的长期增值。

四、仓储市场未来展望

2024 年及未来一个时期，我国经济低速增长仍将持续，在现有存量基础上，随着新增项目投入市场，大部分城市仍将面临去化压力大、租金下滑、空置率上升等挑战。

东北地区：整体趋于饱和，去化压力较大。物联云仓数据显示，在建仓库面积约 65 万平方米。仓储资源趋于饱和状态、供大于求，未来去化压力较大，尤其是大连市、长春市等空置率较高的城市。

东部地区：跨境电商带动相关市场需求增长明显。物联云仓数据显示，在建仓库面积约 725 万平方米，租金与空置率整体相对稳定，不同城市间有所变化，如广州市、深圳市、东莞市、佛山市等城市跨境电商等行业需求快速增长，当地仓储空置较少，预计未来新增供应仍然无法满足市场快速增长的需求；北京市仓储市场未来将持续保持供需较为平衡状态，但核心市场仍将供不应求；天津市处于京津冀交汇点以及京津主轴发展的关键节点，武清区将持续承接北京外溢需求；上海市、江苏省、浙江省等省市未来新增供应约 150 万平方米，但是需求动力略有不足，未来去化将面临一定困难。

中部地区：整体供需平衡，新增投入将加大出租压力。物联云仓数据显示，在建仓库面积约 100 万平方米，未来需求动力不足，去化困难，租金跌至低点。华中地区未来新增供应主要集中在合肥市、长沙市、孝感市、郑州市，这些节点城市目前供需基本平衡，随着新增供应入市、存量增加，去化将成为地区焦点问题。

西部地区：新增项目减少，空置率仍将处于高位。多个物流地产企业表示，在西部地区重点城市布局基本完成后，将减少新项目投资，以现有存量项目建设运营为主，并会关注一些优质项目的收购与合作。结合当前经济形势，西部地区市场需求萎缩，极少有新增亮点，区域市场整体租金呈下降态势，个别城市区域下降明显，如昆明空港、重庆空港等。

未来一段时间，在同质化竞争的情况下，租金还会持续下降。国内经济承压较大，租户大多在缩减面积优化成本，从目前来看，空置率还会徘徊在一个高位。

物联云仓数字研究院

2023 年海外仓发展现状与未来展望

  跨境电商、海外仓作为外贸新业态新模式，已成为外贸的重要支柱力量。根据海关数据，2023 年中国跨境电商进出口 2.38 万亿元，同比增长 15.6%。其中，出口 1.83 万亿元，同比增长 19.6%；进口 5483 亿元，同比增长 3.9%。

  2023 年，在政策支持下，随着阿里速卖通、SHEIN、Temu 和 TikTok Shop 等中资跨境电商平台在全球电商市场份额的快速提升，海外仓作为跨境电商平台物流网络体系核心节点，在规模化发展、服务功能等方面获得不断提升，但也存在区域布局供需矛盾、企业融资难、合规风险突出等问题。

一、2023 年海外仓发展政策环境

（一）国家高度关注海外仓发展

  2023 年，相关政府部门发布多项政策支持跨境电商、海外仓等外贸新业态的发展。2023 年 12 月，国务院办公厅印发《关于加快内外贸一体化发展的若干措施》，指出"加强外贸新业态新模式及相关政策宣传和业务培训，促进'跨境电商+产业带'模式发展"。2023 年 10 月，商务部举办的"跨境电商海外仓现场会暨供需对接会"，总结了跨境电商海外仓发展现状和问题，提出鼓励传统外贸企业转型跨境电商，支持头部企业带动上下游供应链协同发展，依托各地的跨境电商产业园孵化更多初创企业。

（二）地方政府大力扶持

  据不完全统计，2023 年，安徽省、浙江省、成都市、哈尔滨市等近 20 个省市级政府部门发布扶持海外仓建设的政策。从区域来看，沿海地区、中欧班列途经地区、与邻国有接壤地区等地出台的海外仓相关政策较多。例如，浙江省人民政府办公厅在《全力拓市场增订单稳外贸若干措施》中提到，进一步做大做强海外仓，提升专业化、规模化、智能化水平；哈尔滨市人民政府在《哈尔滨市支持对外贸易发展的若干政策》中，针对不同运营类型的海外仓，给予最高 300 万元补贴。

（三）政策鼓励方向越发明确

  一是明确海外仓的定位。目前的相关政策仍将海外仓定位为外贸新业态，对海外仓以培育和促进为主。

  二是推动构建"跨境电商+海外仓"生态。海外仓是跨境电商与跨境供应链的基础设施，

是促进外贸高质量发展的抓手，多个省市强调围绕"跨境电商+海外仓"，助力跨境电商转型升级，如湖南省、江西省、石家庄市等。

三是引导海外仓优化布局。各地引导企业在"一带一路"沿线国家和地区、区域全面经济伙伴关系协定（RCEP）成员国和主要出口市场进行海外仓布局。

四是多元化配套支持。在退税方面，天津市已明确提出积极推动外贸发展，实施跨境电商"境外海外仓+境内集货仓"模式，落实海外仓出口退税政策；在提升海外仓通关便利性方面，江苏省提出优化跨境电商出口海外仓模式的海关备案流程，实现"属地备案、全国通用"；在拓展海外仓金融服务方面，陕西省支持能够承担相关业务的保险公司与外贸综合服务企业合作，为跨境电商企业提供海外仓业务金融服务，江苏省鼓励相关金融机构开发针对跨境电商企业的创新型金融产品，推广南京市"海外仓离境融"、海外仓销售险等新险种。

二、2023 年海外仓发展特点

（一）海外仓规模稳步增长，全球化网络体系初步形成

据不完全统计，海外仓整体规模增长幅度在 20% 左右，不同区域呈现不同的发展特点。东南亚、中东欧、南美、非洲等地区的海外仓总体呈现规模化、集聚化发展态势，如匈牙利中欧商贸物流合作园区规划总面积 0.75 平方千米，入驻园区企业 176 家，累计完成贸易额 40 亿美元，跨境电商公共海外仓报关服务企业协作报关入仓额 110 亿美元；坦桑尼亚的东非商贸物流产业园综合服务合作区，总投资 2 亿美元，总建筑面积 11.77 万平方米，具备线下交易、展览展示、保税仓储、通关物流、跨境电商、售后服务、金融服务、生产加工、转口贸易、跨境业务一站式办理等功能服务。北美、西欧等地区的海外仓处于结构性增长阶段，部分企业特别是头部企业小仓换大仓，租赁改自建，如宁波乐歌花费 3450 万美元在美国建造海外仓，该公司预计在 2024 年将扩仓 10 万~15 万平方米。

（二）专业化程度不断提升，融入产业链趋势越发明显

一是海外仓企业不断加强全链路服务能力。纵腾集团、乐歌股份、万邑通等头部企业不断加强重资产投入，通过新建仓库、采购货运飞机和轮船等载具、加大自动化设备应用、强化数字化处理能力等，分别在大件、新能源、电商等领域为企业提供跨境物流全链路解决方案。

二是海外仓企业不断加强信息化、数字化能力。万邑通通过数字化解决能力，为跨境卖家提供透明稳定、合法合规的一站式全场景供应链管理解决方案，实现线上线下库存"一盘货"，履约多个渠道，为外贸企业实现多渠道、多平台布局海外电商。

三是行业数字化水平不断提升。"海外智慧物流平台（海外仓服务在线）"于 2022 年在广交会期间上线，入驻海外仓达 403 个，覆盖国家达 53 个，覆盖全球城市达 215 个，仓库总面积达 583 万平方米，为企业提供海外仓展示、供需对接、国别行业预警信息、海外企业资信信息查询、保险融资等相关功能，打破建仓企业和用仓企业间的"信息孤岛"，提升资金利用率与周转率，增强业务对接效率。

（三）服务模式不断延伸，服务链条不断完善

随着国内企业出海的步伐逐步加快，企业的品类更垂直，物流需求更定制，服务商要求门槛更高，国际市场从商品竞争转向供应链竞争。借助跨境物流尤其是海外仓的力量，构建中国品牌的支撑，这对于海外仓企业提出更高的要求。如中国建材迪拜海外仓（中国公共海外仓标准化等级 Level A）以"自营+共享"经营模式，率先与上游企业（车企、制造商）和下游渠道经销商展开合作，提供新能源整车、二手车和车辆备件分销、寄售服务，形成区域辐射，已成为中国新能源车辆在中东和北非地区重要的集散、交易中心。

（四）行业组织化程度不断加强，集聚效应呈现

各海外仓企业与跨境电商企业依托跨境电商综试区链接产业带，实现抱团出海，高效完成资源分配与实现资源聚集，有效提升行业组织化程度。2023 年杭州综试区针对部分海外仓企业订单量下滑、业绩增长乏力的共性问题，组织开展"店开全球"拓市场创品牌系列活动，菜鸟、凯西国际、顺丰速运等海外仓运营企业深度参与，触达本地卖家超 300 家，帮助海外仓企业与本地卖家无缝对接，推介海外仓业务，截止到年底，该综试区内企业在境外自建、合作、租赁的海外仓共有 362 个，总面积超 785 万平方米，覆盖 41 个国家和地区。

三、海外仓发展面临问题

（一）区域布局存在供需矛盾

一方面，当前海外仓主要集中在欧美市场，在"一带一路"沿线国家的数量相对较少，而"一带一路"沿线国家在基础设施、跨境物流等配套方面也尚且有不足之处。另一方面，海外仓企业之间较为独立，行业信息共享程度低，企业间协同发展程度低，资源错配等情况普遍存在。

（二）行业融资难仍明显存在

海外仓属于重资产项目，资金成本巨大，因为种种原因，银行在支持海外仓发展方面还没有形成一整套解决方案，海外仓企业在海外仓建设、运营等提供多场景融资服务需求较大，但难以获得相应支持，融资难、融资贵是海外仓行业的痛点。

（三）合规风险较为突出

不同国家在税收、海关、环保等方面存在制度差异，使得海外仓企业普遍面临复杂的合规环境。根据海外仓企业提供的材料，欧美等国家在用工、保险、基础设施建设规范等方面均有较为详细的规定，企业一旦违反，将面临巨额罚款的风险。海外仓企业特别是中小海外仓企业往往不具备深入了解相关法律法规的能力，合规风险难以把控。

四、海外仓发展展望

(一) 政策环境将进一步优化

2024年政府工作报告提出，优化海外仓布局。在地方两会中，江苏省、浙江省、广东省等10余个省市提出积极布局或大力发展海外仓。例如，上海市支持共建共享海外仓，鼓励跨境电商中小微企业租用海外仓"抱团出海"；陕西省印发《加快跨境电商和海外仓高质量发展实施方案》，引导企业建好、用好海外仓；四川省发布《四川省海外仓高质量发展三年行动方案》，到2026年，在国际节点城市建成海外仓10个以上、总面积达到5万平方米；深圳市出台《深圳市推动外贸稳规模稳份额稳增长工作措施》，提出进一步完善海外仓网络。

(二) 跨境电商平台为海外仓提供市场增量

根据Data.ai发布的2023年全球购物类App使用行为渗透率榜单，SHEIN、Temu和阿里速卖通名列前茅。货运咨询公司Cargo Facts统计，2023年第三季度Temu日均发货量为4000吨，SHEIN日均发货量为5000吨，增长趋势明显。根据中国仓储与配送协会跨境电商与海外仓分会常务副会长、纵腾集团副总裁李聪的研究，按照行业规律，跨境电商平台平均每增加100亿美元交易额，就需要增加百万平方米面积的海外仓为之提供物流服务，如何利用跨境电商平台跨越式发展给自身带来增量市场，将是海外仓企业下一步重要思考的方向。

(三) 海外仓布局将持续优化

一是优化欧美等传统市场海外仓布局，向"一带一路"沿线国家和地区进行布局，深度挖掘共建"一带一路"沿线国家和地区等新兴市场机遇。二是依托产品类别和区域需求，完善全球服务网络体系，推动中国品牌走向全球。三是企业利用《区域全面经济伙伴关系协定》（RCEP）生效机遇，加快在东盟设立海外仓，抢占新兴市场份额。

(四) 海外仓服务能力不断延伸

过去几年，海外仓主要功能集中在FBA中转、一件代发、退货换标等，除了头部少数企业形成全链路解决方案外，大多数海外仓企业无法满足现阶段品牌出海的需求，提高海外仓专业化、规模化、智能化水平将是2024年重要的发展方向。一方面，海外仓企业需要在提供仓储、配送服务的基础上，开展清关、税收、退换货、售后维修、包装加工等业务，探索尾货处理、供应链金融、境外商务服务等功能，逐步扩展海外仓综合服务能力。同时，海外仓企业可针对"前展后仓""批零兼营"等业务，根据需要建设定制仓、退货中转仓等海外仓。另一方面，对于海外仓的数字化建设和升级改造提出了新要求，新形势需要海外仓企业引入物联网、大数据、云计算、传感器、人工智能等新兴技术，实现海外仓航线的高效管理和物资的实时监控，让海外仓、跨境电商平台、买家实现即时共享，开展智能分拣、机器人搬运等，提升海外仓智能化水平。

（五）行业风险防控能力将进一步加强

根据中国仓储与配送协会海外仓分会调研，各国知识产权、税务、关务、平台规则等是海外仓企业的重点关注问题，也是企业运营的重要风险节点，政府部门和行业组织在 2024 年将进一步发力，提升行业风险防控能力。一方面，政府积极引导，商务部及相关主管部门将从开展专题培训、驻外使领馆经商机构政治、经济方面风险预警等方面，提升海外仓企业风险防范能力；另一方面，行业持续推动，中国仓储与配送协会海外仓分会将持续发布"全球海外仓 50 国发展概况"（2023 年已发布 10 个国家），全面介绍所在国的相关情况，供海外仓企业进行参考，通过信息整合提升行业合规水平。

中国仓储与配送协会保税、跨境电商与海外仓分会　罗威 、周武秀

2023 年中药材现代物流体系建设
进展及质量提升工程工作展望

中药材现代物流体系建设，是根据国务院办公厅、商务部相关文件要求和指引，通过在全国道地药材主产区、专业市场及重点销区规划并建立 88 个标准化、集约化、规模化和产品信息可追溯的现代中药材物流基地，可有效促进中药材实现产地质检、集中仓储、科学养护与全程追溯的一体化运营。自 2014 年开展中药材现代物流体系建设以来，截止到 2023 年年底，全国中药材物流基地布局已基本完成，已有 31 家基地完成全面建设并通过评审成为中药材物流实验基地，中药材现代物流体系建设已取得了阶段性成果。

2021 年，国务院办公厅相继印发《关于推动药品集中带量采购工作常态化制度化开展的意见》（国办发〔2021〕2 号）、《关于加快中医药特色发展的若干政策措施》（国办发〔2021〕3 号）（以下简称"两项文件"），提出了推动"药品集中带量采购工作常态化"和"实施道地中药材提升工程"的发展意见与措施。自 2022 年，中药材现代物流体系建设工作开始逐步向国家道地中药材流通质量提升工程建设工作进行转变，2023 年提升工程建设工作进一步开展，确立了国家道地中药材流通质量提升工程的工作思路，逐步向建立有质量保障、可追溯的中药材定向采购与供应新机制发展。

一、2023 年中药材现代物流体系建设进展

（一）确立国家道地中药材流通质量提升工程的工作思路

两项文件提出"推动建设一批标准化、集约化、规模化和产品信息可追溯的现代中药材物流基地，培育一批符合中药材现代化物流体系标准的初加工与仓储物流中心""引导医疗机构、制药企业、中药饮片厂采购有质量保证、可溯源的中药材"，推动实行中药材政府集采、社会联采等新招采机制。

根据两项文件提出的要求，确定了由中药材现代物流体系建设逐步转变为国家道地中药材流通质量提升工程建设的发展思路。2023 年，进一步确立了"以商务部物流基地建设成果为基础，以提升中药材流通质量为核心，以建设道地中药材流通质保仓为目标，以组建道地中药材真品精品保供联盟为手段，物流与商流并举，第三方质检与全程追溯相结合，物流管理公共信息平台与交易平台相衔接，通过建设联盟企业道地中药材流通质保仓，逐步打造中药材流通质量'活体鲜贮'品牌与保质稳供联盟体系"的国家道地中药材流通质量提升工程的工作思路，逐步向建立有质量保障、可追溯的中药材定向采购与供应新机制发展。并依此提出"三个转变"：一是由建设多品种的物流基地向打造单品种的质保仓转变；二是由单一

的物流功能向物流与商流并存的多功能转变，并开展金融赋能业务；三是由"请进来等着采购"向"请进来、走出去多渠道促销流通"转变，并开展基地内闭环供需销售、交易平台销售、对接联采供货等，促进基地的良性运行。

（二）完善与优化全国中药材物流基地网络，打造道地中药材单品种流通质保仓

针对中药材物流基地目前存在的"建设与运营管理发展不够平衡，仓储与保供能力参差不齐"的情况，将目前的中药材物流基地进行分类优化。对于当前建设能力不足、建设进度停滞、不具备中药材保质稳供能力的中药材物流基地，重新发展新基地进行迭代；对于建设进度正常、基本具备或者暂不具备中药材保质稳供能力的中药材物流基地，指导、帮助基地继续进行规范化、标准化建设并向中药材物流实验基地推进发展；对于中药材保质稳供能力较强、基地建设完善的中药材物流实验基地，指导、帮助基地培育成为中药材物流示范基地和打造道地中药材单品种流通质保仓，努力把它们打造成物流基地的头部品牌基地企业。

道地中药材单品种流通质保仓，是针对基地发展不平衡，全品种药材仓储要求数量多、体量大、运行慢，企业短期内难以实现目标的实际情况，为了适应政府、企业、社会对中药材及中药饮片集采、联采和招采等采购机制变化，以中药材物流实验基地为基础，在道地中药材单品种主产区，推动建设的标准化、规模化、有质量与数量保证、可追溯的单品种药材仓储设施及运营企业。根据质保仓的标准要求，2023 年制定发布了《道地中药材流通质保仓评价管理办法与自律公约》，并组织评价了 11 个品种的 11 家道地中药材流通质保仓，成立道地中药材流通质保仓保供联盟，为中药材保质稳供打下坚实基础。

（三）针对多年生珍稀药材，打造"活体鲜贮"仓储新模式

针对多年生珍稀药材生长周期长、投入大、附加值高、回款周期长的实际情况，通过应用数字技术、北斗定位、追溯系统、环境监测、三方质检、金融赋能、平台交易等手段，对药材生长全过程进行实时监控，打造"活体鲜贮"仓储新模式，为多年生珍稀药材建立全程追溯体系，制定建设与管理标准，实现药材在生长过程中由产品变为商品进行仓储销售，为实现药材期货贸易以及国际贸易提供可靠保障。2023 年，以野山参为首例，探索打造了"野山参活体鲜贮"仓储模式，并在两家辽宁人参基地企业进行实践操作。

二、2024 年国家道地中药材流通质量提升工程工作展望

继续贯彻工作思路，完善整体布局，加快中药材物流基地建设及优化，扩大道地中药材单品种流通质保仓规模，积极建设道地中药材流通质保仓保供联盟，运行第三方质检服务网络，建设交易服务平台，尽快适应联采、集采机制，为社会提供有质量保证、可溯源的大宗及贵重中药材物流基地公共品牌中药材。

（一）加快中药材物流基地建设优化，扩大道地中药材单品种流通质保仓规模

继续根据目前中药材物流基地建设运营及保质稳供能力，对基地进行分类优化，引入第

三方质检服务网络，对接金融机构，帮助企业实现中药材金融赋能，加快整体中药材物流基地规划建设。将创建推动全国道地中药材单品种流通质保仓的建设工作作为道地中药材流通质量提升工程的核心目标和重点工作，加快中药材保质稳供能力较强、基地建设完善的中药材物流实验基地向道地中药材单品种流通质保仓进行打造，扩大质保仓的规模，严格实施质保仓动态管理，保证质保仓的高水平，扩大道地中药材流通质保仓保供联盟的规模及优势。

（二）凝聚道地中药材单品种流通质保仓力量，提升道地中药材流通质保仓保供联盟的保供能力

按照道地中药材流通质保仓保供联盟的规则以及遴选评价标准与条件，本着企业自愿、协会组织、专家评价的原则和程序，扩大保供联盟的质保仓会员单位规模，提升联盟整体的保供能力，适应政府集采和社会联采机制，并加快推进物流基地整体建设规模与质量提升，不断扩大联盟成员队伍建设，加强联盟影响力及品牌效益。

（三）积极拓展对接中药材销售渠道，打造物流基地药材品牌

通过积极对接政府集采及社会联采、联系相关平台、对接中药材电子交易服务平台、对接制药企业、中药饮片企业等多种方式拓展中药材销售渠道，宣传中药材物流基地及道地中药材流通质保仓体系、机制优势与中药材质量保障体系，扩大保供联盟影响力，逐步加强政府和社会采购平台对保供联盟药材品质的认可，形成定向采购，为中药饮片企业、制药企业、药店等提供有质量保证、可溯源的中药材及其产品，将优质品牌药材卖向全国、卖向世界。

（四）持续"活体鲜贮"仓储模式，打造"活体鲜贮"质量品牌

"活体鲜贮"仓储模式，是为多年生珍稀药材打造的新仓储模式，可以实现药材在生长过程中由产品变为商品进行仓储销售。以野山参为多年生珍稀药材首个代表，通过人参基地企业打造野山参活体鲜贮产业链完整体系，形成"活体鲜贮"首例示范，并逐步向其他多年生珍稀药材拓展，打造多年生珍稀药材"活体鲜贮"质量品牌。

中国仓储与配送协会中药材仓储分会　王杰、朱梦元

2023 年自动分拣行业发展回顾
与 2024 年展望

一、2023 年自动分拣行业发展回顾

（一）行业市场规模

2023 年对于中国智能物流装备市场来说，充满机遇与挑战，物流装备行业进入新一轮发展阶段。据统计，2023 年中国智能物流装备市场规模预计达到 1003.9 亿元，同比增长约 21%（如图 1 所示）。

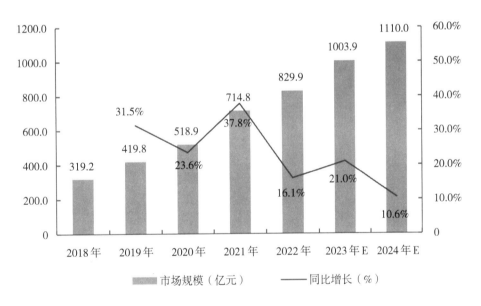

图 1　中国智能物流装备市场规模（亿元）

资料来源：中商情报网

复杂的宏观环境也给自动分拣设备市场带来多重影响，企业发展面临新考验。据统计，2023 年中国自动分拣设备市场规模约 320 亿元，同比增长约 10.3%（如图 2 所示）。

图 2　中国自动分拣设备市场规模（亿元）

资料来源：国家邮政局、中国产业信息网、智研咨询及网络搜集

细分到交叉带分拣机市场，2021 年我国快递企业自动化投入达到顶峰，交叉带分拣机购置量达到 1160 套。2022 年以后，各快递企业自动分拣设备投入收窄，新增交叉带分拣机购置量明显下降，2023 年我国交叉带分拣机购置量仅为 650 套（如图 3 所示）。

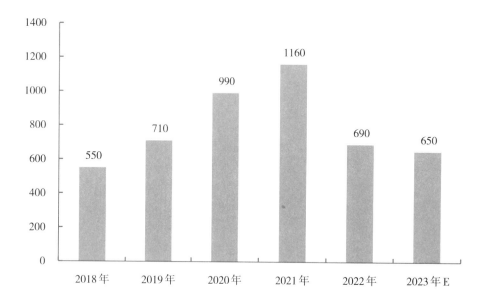

图 3　2018—2023 年我国交叉带分拣机购置量（套）

资料来源：智研咨询及公开资料整理

（二）行业需求情况

自动分拣系统使用较为广泛，可以应用于较多场景，上游主要应用在商业配送及工业生产领域，下游应用领域主要有电子商务、快递快运、仓储物流、烟草、医药等。2022 年，在我国

自动分拣设备下游应用领域中，占比最大的为电子商务、快递快运，占比达到 30% 左右。根据 CIC（灼识咨询）统计，2018—2022 年快递领域智能物流装备市场规模年复合增速约为 29%。

自动分拣设备需求与中国快递的包裹件数密切相关。从消费方式来看，中国电商的渗透率还有提升空间。从数据上来看，国家邮政局预计，2023 年中国邮政行业寄递业务量累计完成 1624.8 亿件，同比增长 16.8%，其中，快递业务量（不包含邮政集团包裹业务）累计完成 1320.7 亿件，同比增长 19.4%；快递业务收入累计完成 12074.0 亿元，同比增长 14.3%。快递包裹数量进一步增加，并且部分分拨中心需要进行设备更新，说明自动分拣设备在快递行业依然有较大的发展潜力。

截至 2023 年，韵达自营枢纽转运中心直营率为 100%，中通自营枢纽转运中心直营率为 91%，圆通、申通自营枢纽转运中心已基本实现直营化。转运中心实现自营后，快递总部基于自身的资金优势以及降本需求，对转运中心的自动化改造意愿较强，以有效提升转运中心的运作效能（参见表 1）。

表 1　2023 年快递物流行业代表企业自动分拣系统需求情况

代表企业	分拨/转运中心（个）	分拣自动化情况
顺丰控股	100+	顺丰控股推行"上仓下中转"模式，2023 年围绕做强做大中转场功能的目标，进一步提高中转分拣能力，投入自动化设备，实现快件容器在场内的高效运作。2023 年在 100 多个中转场及集分站投入或升级自动化设备，累计投入自动化设备超 630 套
中通快递	87	2023 年，中通快递分拣中心运营成本为 22.57 亿元，同比增长 5.5%，有 464 套自动化分拣设备投入使用，单位分拣成本下降 20.1%
圆通快递	70	2023 年，圆通快递持续推动全面数字化转型，降本增效，增强客户粘性。积极应用柔性分拣、无人化技术，以促进自动化、智能化升级，持续推进转运中心、加盟网络精益生产落地。预计 2024 年将有部分转运中心改造、升级和扩建等项目
申通快递	70	申通快递持续推进三年百亿产能提升项目，进一步优化转运中心布局，持续投入自动化设备、优化设备及工艺、自研设备开发管理系统，促进转运中心的人效、时效、坪效提升。全年实施 37 个产能提升项目和 18 个优化改造项目，年底常态吞吐产能将达到 6000 万单/日以上，上半年网点新增自动化设备 71 套，投入资金总额约 1.3 亿元，网点自动化效率大幅提升
韵达股份	75	2023 年，韵达股份实施战略聚焦，对多元业务和配置资源进行合理收缩优化；实施"全面数字化"战略，继续加大数字化投入力度，推动网点设备能力和服务时效的提升及成本改善。在转运中心成本方面，通过货量预测动态调控转运中心不同线路自动化设备运行时间，通过机器设备改造升级、日常巡检减少转运中心用电用能等生产损耗
德邦股份	132	2023 年 8 月，德邦股份已经全面接管了京东物流快运业务的 83 个转运中心。2023 年资本化支出预计不超过 15 亿元，相比年初规划有所减少，但是 2024 年相比上一年会有一定的增加，因为随着网络融合的推进，会新增融合场地的自动化设备投入以及干线运输车辆的投入
极兔	83（国内）	2023 年，极兔完成 83 个转运中心场地的升级改造，新增数十万平方米的操作面积。基于对旺季需求的分析与预测，对全国 227 个集散点、网点的场地与设备进行升级，提高旺季件量应对能力。在接下来的 12~36 个月里，极兔计划在中国建设约 200 台交叉带分拣机，并配套相关的物流设备，同时在东南亚地区建设约 60 台交叉带分拣机及适当数量的输送线

资料来源：各企业官网及网络搜集整理，具体精确数据以各企业的正式发布为准

（三）行业技术创新

随着近年来行业的快速发展，我国自动分拣系统的技术水平有了较大提高，有些技术已经处于世界领先水平。行业步入"技术竞赛"赛道，技术和产品向智能化、智慧化方向发展日趋明显，市场需求会在高效率、柔性化、高可靠性方面进一步提升。

表 2　自动分拣行业创新技术发展与应用（部分）

技术类型	创新技术应用表现
国产技术（PLC、驱动等）	伴随着国产元器件的发展，国内自动分拣产品已经能够平替或超过进口品牌。市场对 PLC、电动滚筒等需求，应用国产的相关元器件，能够降低成本，也同时推动各厂商和行业发展
自动/辅助卸车技术	该技术针对人员流失率大的问题，实现工具辅助人员卸车，可以提高操作者的安全性，减少搬运环节，减轻工作负荷，提高卸货效率
基于业务量多层级分拣机运动能耗管理技术	通过分拣机动态载荷检测技术，结合历史快件波次及流量数据，匹配当前所需的分拣效率，提升分拣精准度与落格柔性，同时能够降低分拣机能耗，实现系统低碳的目的
AI 技术	通过 AI 技术识别货物的形态、品类等，在进入分拣中心前进行智能分类（如超大件进入超大件处理区，易碎品进入柔性分拣区，小件进入常规交叉带或 NC 交叉带等），该技术替代人工分拣环节

资料来源：网络搜集整理

表 3　自动分拣行业主要产品（部分）

产品品类	适用对象	分拣效率（件/小时）	重量范围（kg）	优点	缺点	主要应用领域/场景	代表企业
翻盘分拣机	方形件、扁平件、包裹（近似长方体）等规则货物	7800	0.2~5	性价比高、经济实用、分拣效率高、免维护、灵活性强、占地面积小、低噪声	尺寸大，不适用自重较大的货物	快递二三级网点、生鲜、医药、3C、图书等	苏州金峰、椿本、瑞京、力生
落袋分拣机	形状不固定件、圆形件、无包装或软货物等	25000	0.1~5	性价比高、经济实用、分拣效率高、免维护、灵活性强、占地面积小、低噪声	货物大小决定分拣效率	鞋服、书刊、医药、电商、日用消费品等小件包裹	豹翔科技、EuroSort、Interroll、裹裹
高速3D分拣机	多件订单播种拣选	36000	1.5~3	播种墙和交叉带的融合产品，小面积多层格口高速分拣	成本偏高	鞋服、书刊、医药、电商、日用消费品等小件包裹	法孚、牧星

资料来源：网络搜集整理

（四）行业竞争态势

2023 年，自动分拣行业内卷严重，市场竞争白热化，价格战愈演愈烈，利润普遍呈现下滑趋势。总体来看，自动分拣行业在经历了高速发展后，进入了行业发展的调整期，企业开始重视精益化的生产和经营，"苦练内功"，并探寻自己的独特赛道，做差异化定位，为迎接下一个增长周期做准备。

表 4　国内自动分拣设备主要厂家发展情况

代表企业	企业定位	年度核心动态
中邮科技	国内智能物流系统领域领先的综合解决方案提供商	2023 年，中邮科技营业总收入为 19.5 亿元，同比降低 12.05%；营业利润为 7005 万元，同比降低 15.96%。坚持"引领物流科技、让传递更简单"的经营理念，不断向快递、机场、仓储、烟草、汽车等领域以及海外市场拓展，为客户提供整体解决方案、定制化产品和一站式服务。2023 年 11 月，中邮科技在科创板成功上市，发行价格为 15.18 元/股，对应市盈率 28.94 倍，预计募集资金总额为 5.1612 亿元，扣除发行费用后，预计募集资金净额约 4.36 亿元
苏州金峰	拥有核心分拣系统系列产品的国际化生产制造商和解决方案提供商	2023 年，苏州金峰营业收入约为 9 亿元。实施核心产品化战略，推出极具竞争力的直线窄带分拣系统、NC 自动分拣系统，并通过系统化设计以及持续优化迭代过程，提升系统运行稳定性及提升客户价值；以差异化战略开拓海外市场，已成功在东南亚等地区实施多个项目，致力于成为在中国生产制造拥有成本优势的国际化品牌
中科微至	拥有基础零部件生产能力的综合物流装备服务商	2023 年，中科微至营业总收入为 19.89 亿元，同比降低 14.10%；利润总额为 1583.52 万元，较上年同期增加 16993.65 万元。实施"一体两翼"的战略格局：以智能物流装备为主体，以智能视觉为主的工业传感器和包括伺服、驱动、电滚筒等在内的动力科技为两翼。核心部件采用自主化策略，布局系列化产品线；扩充了海外业务的销售和售后服务团队
科捷智能	具有关键设备生产能力的物流系统集成商，聚焦智能物流和智能制造两大领域	2023 年，科捷智能营业收入为 11.49 亿元，同比降低 31.21%；利润总额为 −1.01 亿元，同比降低 202.96%。积极布局智能制造领域，开拓智能仓储、智能工厂业务；集中资源大力开拓海外市场，聚焦东亚、南亚、东南亚、中东、欧洲等重点区域，推进区域一体化管理
德马科技	专注输送分拣领域，覆盖输送分拣装备全产业链	2023 年，德马科技营业收入为 13.84 亿元，同比降低 9.51%。围绕"全球化"和"智能物流+数字能源"的战略布局，进行产品升级、组织优化、营销变革、品牌重塑；构建了"中央工厂+全球区域工厂+本地化合作组装工厂"的全球化制造网络；开拓锂电装备领域；机器视觉项目落地

资料来源：网络搜集整理

（五）自动分拣设备厂家出海探索机遇

1. 国际市场需求

《全球快递发展报告（2023）》指出，在新兴市场带动下，全球快递包裹市场发展稳中向好，扩容与调整并存。2022年全球快递包裹业务量达到1892亿件，业务收入达到4.1万亿元人民币（参见表5）；预计2023年全球快递包裹业务量突破2000亿件，业务收入将达到4.3万亿元人民币，业务量增长超过5.7%。国际快递行业稳中向好的增长趋势，为国内自动分拣设备厂家出海发展提供了良好的业务基础。

表5　2022年全球快递市场情况

区域	业务量（亿件）	业务收入（亿元人民币）	单价（元/件）
全球	1892	41000	21.7
中国	1106	10567	9.6
东南亚	100	800	8.0
日本、韩国	130	2400	18.5
印度	32	390	12.2
澳大利亚、新西兰	13	770	59.2
美国	218	15000	68.8
加拿大	13	950	73.1
其他地区	280	10123	/

资料来源：全球快递发展报告（2023）

2. 重点区域市场——东南亚

东南亚是当前世界上经济增长最快的地区之一。极兔速递招股说明书显示，预计东南亚地区名义GDP将按复合年增长率7.9%的速度保持快速增长，并于2027年达到51888亿美元。

表6　东南亚主要国家电商发展情况

国家	2022年人口（万人）	2022年GDP（万美元）	2022年人均GDP（美元）	2023年电商规模（亿美元）	2023年电商增长率（%）
泰国	7169.7	49542334.3	6910.0	242.0	25.7
越南	9818.7	40880237.9	4163.5	165.7	29.4
马来西亚	3393.8	40702745.2	11993.2	116.5	28.3
菲律宾	11555.9	40428432.6	3498.5	229.5	28.1
印度尼西亚	27550.1	131910022.0	4788.0	685.4	22.5

资料来源：世界银行

东南亚电商快递行业处于发展初期，电子商务及快递包裹量均呈现快速增长态势（如图4和图5所示）。各国政府在有关区域颁布政策及指引，以协助快递行业的有序发展。

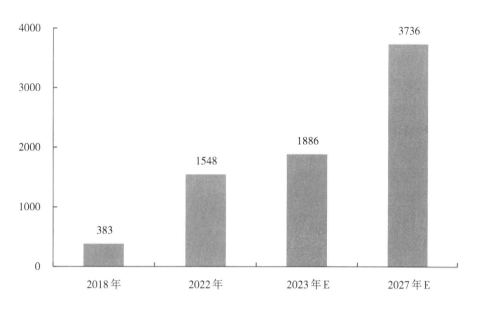

图 4 东南亚电子商务规模（亿美元）

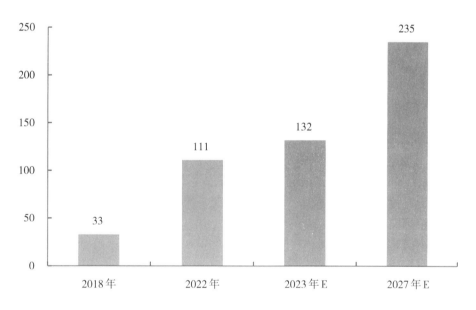

图 5 东南亚快递包裹量（亿件）

资料来源：极兔速递招股说明书、招商证券

　　东南亚目前物流基础设施相对落后。据预测，自动分拣市场需求规模将超 40 亿元人民币（如图 6 和图 7 所示）。中国物流装备企业有较大的发展空间，在国内积累的丰富经验可在东南亚迅速复制。

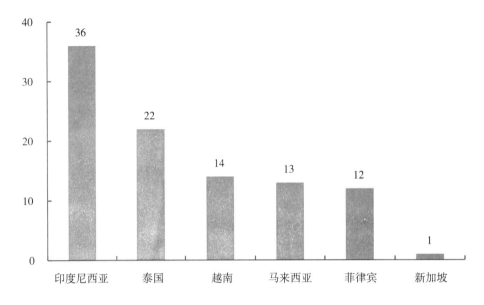

图 6 东南亚各国快递包裹量（亿件）

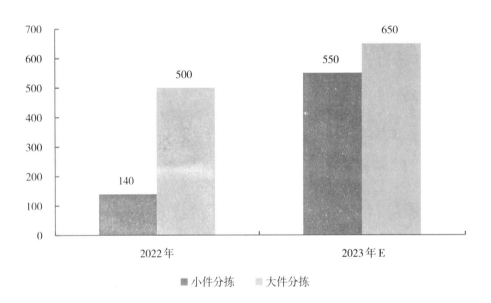

图 7 东南亚自动分拣系统需求（套）

资料来源：网络搜集整理

二、2024 年自动分拣行业发展展望

（一）新技术、新产品快速发展，智能化、柔性化产品及系统发展前景广阔

近两年，自动分拣行业发展变化巨大，转型升级趋势明显，随着电子商务、新零售等新经济模式的崛起和发展，客户对物流服务的要求越来越高，物流服务向智能化、智慧化方向发展日趋明显，市场需求会在高效率、柔性化、高可靠性方面进一步提升。自动分拣行业的需求具有以下三个特点。

1. 应用向产业化、细分化方向发展

由于不同行业对自动分拣装备的需求存在较大差异，因而未来自动分拣系统的应用需求将随着客户需求与业务形态变化向细分化方向发展，即小件分拣和大件分拣两大类别。同时，向以传统输送分拣设备为主的自动化分拣系统和以智能 AGV 和机器人设备为主的柔性分拣系统两大方向发展。

2. 系统向无人化方向发展

人口红利的消失与用工成本的上升，将逐步推动各个行业向无人化方向发展。随着智能技术、机器人技术、无线通信技术、大数据云平台、类人仿真技术、传感技术、微型控制技术、5G 技术等新兴技术的不断发展与突破，催生了"黑灯工厂"、无人仓。随着自动装卸技术、自动多件分离技术、自动装袋换袋技术、六面高速物品信息自动识别技术、超级电容技术等取得突破，集合系统低功耗技术、免维护技术，包括自动分拣系统在内的仓配中心、分拨中心将整体向无人化方向发展。

3. 技术向智能化、数字物联化方向发展

机器视觉识别与信息技术及深度学习技术的不断升级，可以智能高效地采集物流系统数据，让高速智能分拣成为可能。云平台的诞生催生大数据，为"互联网+"、"智能+"、机器深度学习提供了基础，大幅提升了设备运作效率，并为设备智能化提供了发展基础。同时，物联网技术及 5G 技术的发展，实现了物流设备系统远程监控与维护，大大提升了自动输送分拣系统的可用性、利用率及运维效率。

（二）后市场时代来临，服务将成为新的利润增长点

自动分拣行业经过多年的发展，特别是 2016 年快递企业纷纷上市后，自动分拣系统设备已积累了可观的存量市场。据不完全统计，国内仅交叉带分拣设备已有 4000 多套存量，部分设备已过质保期。同时，快递企业随着业务规模不断扩大，自 2022 年起，对自动分拣技术的需求已有明显变化，售后维修、设备升级、搬迁及改造项目增多。2023 年，后市场服务的需求将进一步增加，为客户提供售后服务保障，进而通过后市场打造新的利润增长点，发展前景广阔。2022 年 2 月，由青浦圆桌会议发起，国内主要自动分拣设备厂家参与成立的上海笃量行设备安装维修有限公司就是自动分拣行业后市场服务的产物，笃量行将专注于后市场的服务领域，为自动分拣行业产业链发展赋能。与此同时，青浦圆桌会议联合 SGS 公司对自动分拣行业开展团标认证工作，金峰集团获得了行业第一个 SGS 团标认证资质。

（三）渠道下沉越发明显，末端分拣自动化需求越发强烈

快递行业经历了近 7 年的快速发展，大型分拨中心布局已基本完成，形成了强大的中转分拨能力，但末端网点的作业效率成为制约"最后一公里"服务的最大痛点。随着消费者对时效性的要求越来越高，快递企业也积极提升末端网点的自动化作业水平，以全面提升服务水平和综合竞争力。此外，自 2022 年起，成熟的物流自动化技术伴随"快递进村"战略的持续推进，"下沉"到县乡甚至村一级的快递网点，实现网点作业自动化，满足农村地区的物流和供应链需求。

金峰集团　蔡熙、刘登峰

第二部分

行业研究探索

有效降低全社会物流成本
行动路线图

一、有效降低全社会物流成本的底层逻辑

物流连接生产与消费、内贸与外贸，是实体经济的"筋络"，已经全面融入了产业链与供应链，成为经济社会发展的基础设施。从社会化角度看物流成本，全社会物流成本像是大海里的一座冰山，露出海平面的直接物流成本只占整座冰山的一小部分，海平面以下的隐性物流成本才是最重要的部分。

有效降低全社会物流成本的底层逻辑：以提升物流服务水平为核心，以降低经济社会中无效的综合物流规模为主线，在确保实体制造业稳定发展的基础上，提升物流服务支撑力，有效降低单位 GDP 中的物流规模，同时促进经济社会高质量发展。

二、有效降低全社会物流成本的三个重要路径

（一）优化产业结构

中国社会物流成本高主要是因为单位 GDP 的实体物流作业规模太大，这与过去中国经济结构直接相关。目前中国很多低端的实体经济已经进入产能过剩阶段，需要大力发展先进的服务业和数字经济，通过调整和优化产业结构，可以大幅度降低单位 GDP 中的实体物流消耗，有效降低全社会物流成本。

（二）改革推动高质量发展

全面推动供给侧结构性改革，实现经济社会高质量发展，可以大幅提升实体物流中各类商品的附加值。在同样的物流规模下，可以实现更高的 GDP 增长，有效降低全社会物流成本，提升物流服务对经济发展的支撑力。

（三）通过创新减少无效物流作业

中国社会化物流服务中存在大量的无效物流作业。例如，流通环节多，增加了无效物流作业；供应链空间链条长，增加了无效物流作业；车辆与仓库利用率低，存在着"运空气、存空气、管理空气"的无效物流作业等。通过创新推动，促进物流业集约化、共享化发展，减少流通环节，缩短供应链，提升装载率，加快商品库存周转率，提升产品附加值等措施，

可以大幅减少各类无效物流作业，在物流服务价格不变的情况下，有效降低全社会物流成本。

三、有效降低全社会物流成本的十大措施

根据有效降低全社会物流成本的核心逻辑与重要路径，综合考虑适用领域的普遍性、易于推广性和降低社会成本效果突出等方面，提出有效降低全社会物流成本的十大措施。

（一）减少商品流通环节

中国现代流通体系还不完善，统一大市场还存在很多堵点，区域市场分割带来市场信息不畅与物流资源不均衡等问题，造成了产品从生产到消费者之间流通环节过多，往往经过批发、零售等多个环节才能到达消费者手里。每一个产品流通环节对应相关环节的物流服务，会产生这个环节的社会物流成本，带来无效的社会物流成本。例如，C2C 模式的物流环节比 B2C 模式多一倍，在降本的驱动下，B2C 模式已由过去占比 30% 左右增长到 60% 左右，中国电商快递包裹平均运距也带来了大幅下降。

解决方案：建立统一大市场，发展数字新商贸，推动电商物流发展，减少产品从生产到消费者之间的流通环节，消灭这个环节的物流服务，通过完善的物流网络实现产品从生产制造到消费者的直接连接，充分发挥物流在商贸流通中的"筋络"作用，可以大幅度降低社会物流成本。目前，推动农商互联的农产品供应链创新、推动 C2M 制造模式创新、推动制造业服务化创新等都是这些措施的应用。

降低一个流通环节，就可以消灭一个环节的无效物流作业。因此，降低社会物流成本效果显著，降本空间巨大，具有广泛的推广价值。

（二）缩短供应链距离

供应链的链条长，采购零部件的运输距离远、环节多，就会带来社会物流成本的上升。在改革开放初期，沿海地区制造业供应链两头在外，供应链比较短，海运物流费用低，迅速带动了沿海地区的经济发展。随着沿海地区的经济发展，土地和人力成本上升，制造业需要向人力成本和土地成本低的内陆西部地区转移，但同时带来了零部件、原材料和产成品需要从沿海地区运到内陆地区，再从内陆地区运到沿海地区的物流成本上升。

解决方案：大力推进全产业链聚集，零部件等配套产品与原材料产地配套，把"两头在外"变成"一头在外"，可以大幅度缩短供应链的空间距离、减少物流作业规模，有效降低社会物流成本。

（三）减少货物损耗

物流中的货物损耗不仅降低了产品价值，还会带来垃圾处理等逆向物流成本。以蔬果物流为例，中国是世界上最大的蔬果生产国，全年蔬果总产量超过 10 亿吨，生鲜蔬果从田间地头到超市货架，经过搬运、码垛、挤压，以及在传统的装卸和运输模式中损耗高达 35%。据此计算，每年蔬果在物流过程中的损耗就超过 3.5 亿吨。

解决方案：推广标准的物流周转箱。从田间地头分拣装箱到送上超市货架的物流全链条

过程中"不倒筐",物流作业对象为标准的物流周转箱,不再对蔬果直接进行物流搬运装卸作业,减少挤压磕碰,可将损耗率降低到3%左右。据此计算,可以减少3.2亿吨的损耗,即减少3.2亿吨的垃圾,同时增加3.2亿吨的产值。同等的实物规模物流活动带来更大的GDP增长,自然降低社会物流成本。有些制造业的高精密的零件价值达数十万元,磕碰会带来巨大损失,标准化载具可以确保不磕碰,保证产品精度,也可以大幅降低物流中的货损成本。

(四)加快商品库存周转

库存量过大会增加仓库面积和库存保管费用,不仅会带来大量的社会物流成本上升,还会占用大量的流动资金,加重贷款利息等负担,影响资金的时间价值和机会收益,造成产成品和原材料的有形损耗和无形损耗,以及企业资源的大量闲置。

解决方案:以改善库存为直接出发点,通过精益理念逐步减少和改善库存水平、加快库存周转率,通过消除各种浪费,大幅度降低社会物流成本。

(五)发展共享物流

共享物流是指通过共享物流资源实现优化配置,从而提高物流资源使用效率,推动物流系统变革的物流模式。主要包括物流容器(托盘、周转箱等)循环共用、共同配送、车货匹配、设施共享(共享云仓)、设备融资租赁、公共信息平台、跨界共享等。

解决方案:通过共享物流可以大幅度减少无效物流作业,提高物流资源利用率,有效降低社会物流成本。例如,某企业有37家供应商、日均配送500家门店,通过共同配送,理论上可以减少97%的配送次数。

经典案例:欧盟推动共同配送创新项目citylog,测试结果是同样的物流需求可以减少80%以上的车辆进城;日本推动共同配送,大幅度降低了全社会物流成本。

(六)物流集约化发展

中国物流目前依然存在很多的小散乱问题,从而带来很多的无效物流作业,使得社会物流成本上升。虽然物流行业不可能完全解决小散乱问题,但是通过聚集产业链和供应链,推动集约化物流发展,可以有效降低社会物流成本。

以义乌国际商贸城为例,快递取货、发货可以实现集约化,从而大幅度降低快递成本。其他地区快递取货,一次可能只取几件或十几件,而在义乌一次取货就可能达到上万件,可以减少成百上千次无效的取货作业,降低社会物流成本。这是义乌快递量大、小商品市场发展快的关键。

以"物流之都"临沂为例,很多货运司机之所以宁愿多跑路或降低运费也要到临沂拉货,是因为在临沂可以快速集中配货,很快就能装满车辆。这种集约化物流带来的社会物流成本降低效果是巨大的。

(七)物流标准化

物流作业对象纷繁复杂,物流包装器具规格不一,带来物流实体网络衔接处接口不畅,成为物流的主要堵点,无形中增加了物流作业环节,延长了物流作业时间,增加了社会物流成本。

解决方案：从物流起点，将纷繁复杂的物流作业对象整理成规范的货物单元，便于堆码、装卸、存储、搬运等机械化与自动化作业。物流标准化是提升物流效率和降低社会物流成本的基点，这已被商务部物流标准化的试点实践证明。

基本原理：基于单元化和标准化思维，借助于物流实体网络接口的标准化打通物流网络的堵点，把货物单元作为计量单元、交接单元、运输单元、储存单元等，再通过对单元赋码给物流单元安装了"数字身份证"，推动物流进入数字时代。在此基础上，可以借鉴信息单元与信息互联网创新，推动物流的实物互联网创新发展，全面畅通物流实体网络，推动智慧物流创新。

（八）为物流设计

物流作业对象千奇百怪、规格不一，非标准、异形的产品装车不好摆放、浪费空间，导致很多运输成本是在"运空气"；不好堆码、浪费储存空间，导致大量空间"存空气"。这都是无效物流作业，必然带来社会物流成本上升。

解决方案：为物流设计（DFL，Design For Logistics）指的是将物流起点前置，从产品设计开始就考虑产品在制造、销售、仓储、配送、组装、加工等过程中对物流"友好"，提前考虑到让产品的规格尺寸与产品的包装便于运输、存储、配送、装卸、搬运、堆码、信息感知和数据采集，从而推动全链路社会物流成本降低。

案例分析：在家具产品中，非标准、超大、超长等异形货物多，物流作业过程中浪费了大量的物流资源。通过板式模块化设计与包装，可以大量节省家具物流全链路各环节的作业空间，还可以实现多模块并行生产，节约生产制造时间，快速响应与出货。宜家家居的实践案例证明，同样的运输车辆，宜家家居装载的家具数量可达到其他品牌厂家的 7 倍。

DFL 理念可以应用在任何行业，通过节省物流空间，减少"运空气"与"存空气"的物流成本，有效降低社会物流成本。

（九）物流服务为产品赋能

同样配送一批货物，配送距离与配送网点都一样，配送成本也一样，在中国这批货物每件可能仅卖几十元，但在国外这批货物贴上知名品牌标签后，价格就可能翻 10 倍。所以，高新技术产品价值高，物流相对成本就低。"一分钱一分货"，高端产品自然需要高质量的物流服务。此外，高质量的物流服务也可以为产品赋能，提升产品价值。

解决方案：对中高端产品的物流需求，通过为产品赋能，提升产品体验，做"有温度"的物流，提升产品附加值，具有较大发展空间和市场竞争力，也是通过物流业高质量发展降低社会物流成本的重要举措。

随着高质量发展阶段的到来，高质量的物流服务需求将会上升，通过提质增效为产品赋能，降低社会物流成本，也是一种新维度的"降本增效"。

（十）优化运输结构

铁路、水路的运输成本低、运输货量大。发挥铁路、水路在大宗物资运输、长距离运输中的骨干作用，推动多式联运发展，提高综合运输效率，降低全社会物流成本。

具体做法：一是优化交通运输结构，推动公转铁、公转水，提高物流运输中铁路运输、水路运输的比例；二是加快发展多式联运，健全标准体系，推动城市生产生活物资公铁联运、海铁联运、铁水联运；三是推动船、车、班列、港口、场站、货物等信息开放共享，实现到达交付、通关查验、转账结算等"一站式"线上服务；四是推进公路货运车辆标准化，促进公路货运行业创新发展。

有效降低全社会物流成本的空间巨大、方法众多，除了上述十大措施外，还有很多有效降低全社会物流成本的具体做法，如物流金融服务、推动供应链高效协同等都是降低全社会物流成本的举措。转变思维就能打开降低全社会物流成本的新空间。

最后需要强调的是，虽然有效降低全社会物流成本的重点在于全社会一起努力、合力推进，但是物流企业也应该大有作为。物流是服务业，不忘初心就要以服务为本，在此基础上，本着为客户降成本、为自身增效益的基本原则，融入产业链和供应链，全面推进物流业高质量发展，一定可以为降低全社会物流成本作出重要贡献！

中国仓储与配送协会副会长、专家委员会主任　王继祥

冷链仓储发展主要影响因素分析

一、冷库供需现状

中国仓储与配送协会数据显示，2023 年我国冷库总容积约 2.5 亿立方米，同比增长 14.7%，增幅较上年度增长 5.7 个百分点。

据相关统计数据，2020 年为冷链发展较好的一年，当年我国食品冷链物流需求总量为 2.65 亿吨，综合考虑我国冷库数据，我国食品制造业的库存周转次数约为 6 次，估算全社会冷库负荷[①]为 50.64%。据测算，2023 年我国食品冷链物流需求总量尚不足 2.6 亿吨，则全年实际全社会冷库负荷低于 50%。

从冷库运营的角度来看，低于 50% 的冷库负荷很难支撑第三方的冷链物流企业盈利，甚至连经营性现金流都难以为正。因此，近年来运营稳定、经营较好的多是掌握商流的"冷链企业物流"，其冷库的功能是为上游产品的周转提供配套服务；反之，专业的第三方冷链物流企业经营困难，若缺乏资金支持，将面临较大的生存压力。

整理国内主要省市（港澳台地区除外）冷库具体供需情况，其中冷库饱和度[②]如图 1 所示。

从全国冷库供应分布的角度来看，山东、上海、广东、江苏、河南、辽宁等省市冷库供应量明显超过其他省市地区。从冷库饱和度的角度来看，全国各地区饱和度平均为 1.89，即可保证本地居民 56 天的食品供应，排名前三的依次（从高到低）是上海、天津和北京，分别为 7.02、5.54 和 4.92。上海港的冻品进口量约为全国的一半，不少冷库也作为进口后的一级仓库以及中转库使用，功能是辐射全国物流，因此有其特殊性。可以看出我国各地区的冷链仓储物流发展情况，人均冷库资源享有量很不平衡，不少地区冷库供应过剩，但部分地区的冷链资源又相对较少，这也是我国未来进行冷链布局调控的目的。

---

① 冷库负荷：指冷库的平均满仓率，计算公式为（食品冷链物流需求量/食品库存周转次数）÷冷库总量×100%。

② 冷库饱和度：指当地冷库供应量可覆盖当地 30 天冷库需求的倍数。

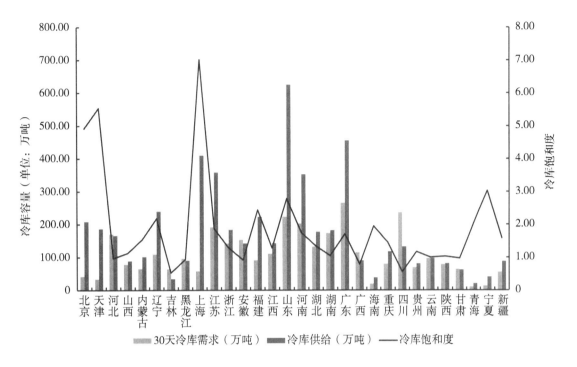

图1 部分省市冷库供应量及饱和度测算

二、主要驱动因素

冷链物流正处于快速发展的阶段，其发展的背后有着多种驱动因素在起到推动作用，诸如冻品进口、线上生鲜消费、餐饮业等因素。本文筛选对冷链物流发展影响较大的因素进行分析。

（一）冻品进口及其影响因素

冻品进口是影响国内冷链物流发展的重要因素之一，然而近两年冻品进口也受到较为严重的干扰，形成了对国内冷链物流的冲击。

2022年2月，国际油价及能源价格大幅上涨，间接导致我国国内居民生活成本剧增。我国控制CPI指数的主要手段之一，即释放储备猪肉、打压猪肉价格、平抑食品类物价、缓解能源价格上涨给居民生活带来的冲击。为抑制国内CPI的快速上涨趋势，自2022年11月以来，中央加强对储备猪肉的投放工作，生猪供给持续增加，猪肉价格在当月即由涨转降，后逐步下跌，直至2023年出现不到10元/公斤的超低价格。在猪肉价格下跌的影响下，带动国内牛肉价格同向走低，根据2012—2022年国内牛肉与猪肉农批价格关联性分析，国内猪肉农批价格每降低1元，平均会带动牛肉农批价格降低1.079元。超低的国内肉类农批价格导致内外价差扩大，抑制了我国冻品肉类的进口，表现在近年来的冻品牛肉进口趋势减缓，冻品猪肉的进口量腰斩，如图2所示。

图 2　国内冻肉进口趋势

除了国内冻肉价格的自身因素外，2022—2023 年的人民币兑美元汇率下跌，也造成国内贸易商进口乏力，进一步影响到我国的海外冻肉进口，从而影响冷链物流需求。以国内猪肉农批价格、国内牛肉农批价格、人民币兑美元汇率为自变量，冻品牛肉与冻品猪肉的进口量总和为因变量，建立回归模型进行敏感性分析，回归系数达到 0.923，回归效果十分显著，拟合效果如图 3 所示。

图 3　国内冻品猪肉与冻品牛肉进口量总和及模型拟合数据对比

根据 2012—2022 年的回归关系，国内猪肉农批价格每升高 1 元，则会刺激海外冻肉进口量增长 4.4 万吨；国内牛肉农批价格每升高 1 元，则会刺激海外冻肉进口量增长 5.4 万吨；人民币兑美元汇率每升高 10000 个 BP（小数点后 5 位），则会刺激海外冻肉进口量增长 116 万吨。

从影响因子权重的角度来看，对各影响因子的标准化系数进行分析，国内猪肉农批价格对冻肉进口量的影响权重为 25，国内牛肉农批价格对冻肉进口量的影响权重为 54，人民币兑美元汇率对冻肉进口量的影响权重为 21。

（二）线上生鲜消费及其影响因素

线上生鲜消费是驱动国内冷链物流发展的重要因素之一。中国冷链物流的需求主要来自肉禽类、水产品、果蔬、速冻食品与乳制品等，随着经济的快速发展、居民的消费能力的提高，这几类生鲜产品的销售量、市场需求潜力巨大，为冷链物流市场带来了巨大的增长空间。

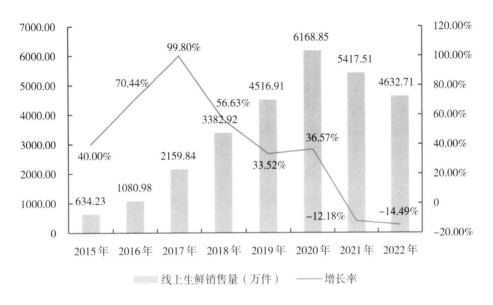

图 4　2015—2022 年国内线上生鲜销售量

数据显示，2015—2020 年我国线上生鲜销售量增长 10 倍，年复合增长率达到 60%。然而到了 2021 年，线上生鲜销售量急转直下，2021—2022 年经历 12%~15% 的下跌。通过市场走访调研，总结 2021 年以后的线上生鲜市场下滑原因有以下两点。一是受到新冠疫情的影响，导致大部分电商的供应链渠道遭遇中断，影响了销售和物流。二是国内电商背后的资本推动不复存在，2021 年以前盒马鲜生、饿了么、美团、京东等都在线上生鲜市场跑马圈地，资金相对较为充足，电商背后的资本支持对消费者进行补贴，养成消费习惯，固化下游市场，此类资本又以美元风险投资基金及成长期基金占比最高；2021 年以后，在中美关系进一步紧张带来的政策性压力，中概股大跌及 IPO 受阻，美元资金回流本土及分流至日本、印度等其他市场等诸多因素影响下，美元基金募资断崖式滑坡，无法再维持之前的投入力度，而且 to C 作为大赛道的热度也逐渐散去，生鲜电商这一细分领域自然也较难再回到原来的烧钱补贴模式。短期内恐将很难看到这一局面的逆转。始于 2021 年的这一轮生鲜电商洗牌中，诸如呆萝卜、橙心优选、易果生鲜、每日优鲜等电商先后退出市场，导致 2021 年以后的线上生鲜销售量大幅回落。

（三）餐饮业及其影响因素

餐饮业的发展也是带动冷链物流发展的重要因素之一。对北京市、上海市及广东省的年营业额为200万元规模以上的餐饮企业的数量进行统计，发现2018年以后的规模以上餐饮企业增长率都经历了明显下滑。经过对餐饮业的调研，其主要原因是2018年以后的国家经济发展放缓、民众消费预期能力下降、2018—2020年房租及原材料价格上涨、2020—2022年新冠疫情对旅游业、餐饮业的打击等。

图5　2011—2022年北京市规模以上餐饮企业数量及增长率

图6　2011—2022年上海市规模以上餐饮企业数量及增长率

图 7　2011—2022 年广东省规模以上餐饮企业数量及增长率

对国内旅游业收入进行分析，2011—2019 年始终保持着稳定增长，8 年时间从 1.93 万亿元上涨到 5.73 万亿元。2020 年在新冠疫情的影响下，国内旅游业收入一落千丈，2022 年跌回到 2.04 万亿元。国内旅游业收入的暴跌，也给国内餐饮业带来了冲击，从而又给国内冷链物流带来一丝凉意。

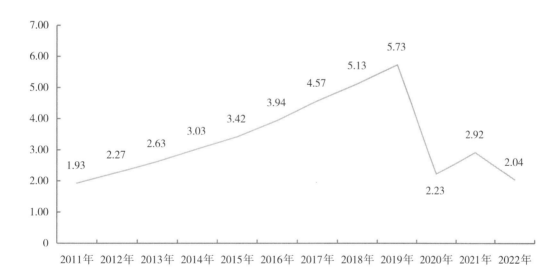

图 8　2011—2022 年国内旅游业收入变动曲线（单位：万亿元）

测算北京市、上海市及广东省规模以上的餐饮企业平均增长率，建立与全国旅游业收入、人均可支配收入增长率的面板数据，进行变量间的敏感性分析。

表1　2012—2022年国内餐饮企业增长率、旅游业收入、人均可支配收入及增长率

年份	餐饮企业增长率（%）	旅游业收入（万亿元）	人均可支配收入（元）	人均可支配收入增长率（%）
2012 年	10.58	2.27	62296	13.03
2013 年	11.23	2.63	68200	9.48
2014 年	13.89	3.03	74002	8.51
2015 年	17.85	3.42	78977	6.72
2016 年	19.37	3.94	85164	7.83
2017 年	18.54	4.57	92134	8.18
2018 年	16.99	5.13	99401	7.89
2019 年	10.79	5.73	107273	7.92
2020 年	5.92	2.23	110001	2.54
2021 年	8.00	2.92	120603	9.64
2022 年	7.37	2.04	125600	4.14

全国旅游业收入每增加1万亿元，则会带动所测算地区综合餐饮企业增长率提升2.12%；人均可支配收入增长率每提升1个百分点，则会带动所测算地区综合餐饮企业增长率提升0.302%。在国内餐饮企业增长率的拟合模型中，对影响因子的标准化系数进行分析，全国旅游业收入对国内餐饮企业增长率影响权重为76，人均可支配收入增长率影响权重为24。

总体来说，由新冠疫情导致的国家经济发展放缓、民众消费能力降低及旅游业的市场缩水，也导致了国内餐饮业的发展受限，从而影响了冷链物流的健康发展。

三、归因分析

基于2015—2022年的冷链物流市场规模及相关影响因素数据，以冷链物流市场规模为研究对象，冻品进口量、餐饮企业增长率及线上生鲜销售量为影响因素，国内牛肉农批价格、猪肉农批价格、人民币兑美元汇率变化、人均收入水平、旅游业收入、电商补贴等为子影响因素，对冷链物流市场的影响路径及各影响因子进行归因分析。

表2　多因素拟合国内冷链物流市场规模面板数据

年份	冷链物流市场规模（亿元）	冻品进口量（万吨）		餐饮企业增长率（%）				线上生鲜销售量（万件）	全国旅游业收入（万亿元）
		牛肉	猪肉	综合	北京	上海	广东		
2015 年	1800	29.32	100.46	17.85	12.26	19.15	22.14	634.23	3.42
2016 年	2210	36.65	156.48	19.37	12.21	20.37	25.53	1080.98	3.94
2017 年	2550	44.93	132.77	18.54	14.37	16.06	25.20	2159.84	4.57

续表

年份	冷链物流市场规模（亿元）	冻品进口量（万吨）		餐饮企业增长率（%）				线上生鲜销售量（万件）	全国旅游业收入（万亿元）
		牛肉	猪肉	综合	北京	上海	广东		
2018 年	2886	64.34	137.34	16.99	12.94	14.44	23.58	3382.92	5.13
2019 年	3391	94.27	201.84	10.79	8.74	6.91	16.73	4516.91	5.73
2020 年	3832	111.11	318.05	5.92	1.95	1.98	13.82	6168.85	2.23
2021 年	4184	133.23	247.85	8.00	4.90	4.77	14.33	5417.51	2.92
2022 年	3800	146.63	158.17	7.37	5.25	3.92	12.95	4632.71	2.04

根据冷链物流市场规模影响因子的拟合模型结果，判定系数为 0.911，说明拟合效果显著，对各影响因子的标准化系数进行分析，冻肉进口量对冷链物流市场规模的影响权重为 19.24，其中牛肉价格的局部影响权重为 54、猪肉价格的局部影响权重为 25、人民币兑美元汇率的局部影响权重为 21；餐饮企业增长率对冷链物流市场规模影响因子权重为 6.65，其中人均收入水平的局部影响权重为 24，旅游业的局部影响权重为 76；线上生鲜消费对冷链物流市场规模影响因子权重为 74.11。冷链物流市场规模影响归因分析如图 9 所示。

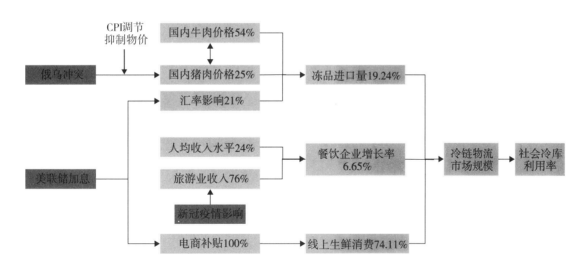

图 9　冷链物流市场规模影响归因分析

在国际能源价格大涨的背景下，我国为了平稳国家 CPI 水平，加大了储备猪肉的投放，打压了猪肉价格，基于国内猪肉、牛肉价格的长期联动，牛肉价格也有所回落，对进口冻肉的替代效应增强，从而影响到我国的冻品肉类进口。同时，美联储的持续加息，一方面造成我国汇率承压，进口力度减弱，影响我国的海外冻品进口；另一方面对全球资本的虹吸效应直接造成国内资本对电商的补贴不足，制约了线上生鲜消费及冷链物流的发展。另外，新冠疫情对旅游业和餐饮业的影响，以及人均收入增长乏力对消费市场带来的影响等，也都造成对冷链物流的打击，进而影响我国冷库的使用效率。

城镇化的稳步推进为冷链物流提供了市场需求。随着我国城市人口的增加，城市居民对于肉禽蛋、水产品、乳制品等易腐食品的需求也随之增加。这些食品需要通过冷链物流从产地输送到城市，确保食品的新鲜和安全。预计到2030年，中国城市人口将超过10亿，这意味着冷链物流的市场规模将持续扩大。

2012—2019年的中国城镇化率（剔除了2020—2022年新冠疫情时期的数据）以年均1.01%的速度增长，城镇居住人口年均增长量约1700万。通过对中国城镇化率与国内冷链物流市场规模进行回归分析，两者呈现出极强的正向回归关系，中国城镇化率每提高一个百分点，国内冷链物流市场规模则会增加305.07亿元，回归公式的判定系数达到98.5。

基于上述回归关系，对未来中国冷链物流市场规模进行预测，以中国当下城镇化速度估算，当我国城镇化率达到70%时，中国冷链物流市场规模有望达到6200亿元；当我国城镇化率最终达到80%而与发达国家持平时，中国冷链物流市场规模有望达到万亿元左右。

四、行业发展趋势分析

基于上文，对影响中国冷链物流的各影响因素进行归因，从外部环境的影响的角度分析，共有以下5条因果链影响着全国冷链仓储租赁的水平。

因果链1：俄乌冲突→国际油价→CPI→国内冻肉价格→冷链进口量→冷链物流市场规模→全社会冷库利用率

因果链2：美联储加息→汇率→冷链进口量→冷链物流市场规模→全社会冷库利用率

因果链3：美联储加息→资本流动性→线上生鲜消费→冷链物流市场规模→全社会冷库利用率

因果链4：新冠疫情结束→旅游业收入→餐饮企业增长率→冷链物流市场规模→全社会冷库利用率

因果链5：人均可支配收入增长率→餐饮企业增长率→冷链物流市场规模→全社会冷库利用率

通过上述因果链可知，在俄乌冲突、美联储加息、新冠疫情的影响及人均收入不足等多重外部环境因素的冲击下，2022年以来的冷链物流每况愈下，直至全社会平均冷库利用率不足50%，迎来了冷链物流高速发展10年以来的最差水平。

经本模型影响因子敏感性分析，若能全面摆脱俄乌冲突、美联储加息、旅游餐饮增长放缓等因素影响，且人均收入水平逐步恢复至正常水平甚至历史较高水平，在多重因素的作用下，我国冷链物流将会逐步复苏，全社会冷库利用率最终有望达到98.69%。

考虑到我国城镇化进度带动下的冷链物流的扩张，在未来当国内冷链物流市场规模突破万亿元人民币时，全社会冷库利用率将突破120%。

由以上分析可知，当所有不利因素消失，而国内冷链物流持续发展，将会必然产生严重的冷库供应不足的问题。因此，在2021年12月，国务院办公厅正式发布了《"十四五"冷链物流发展规划》，以促进我国冷链物流的规模化和高标准化发展，提前应对可能到来的冷链物流的爆发。

从政策角度，梳理《"十四五"冷链物流发展规划》及一系列方案和目标下的政策，总结我国未来 5~10 年的冷链物流发展规划的主要原则和目标。

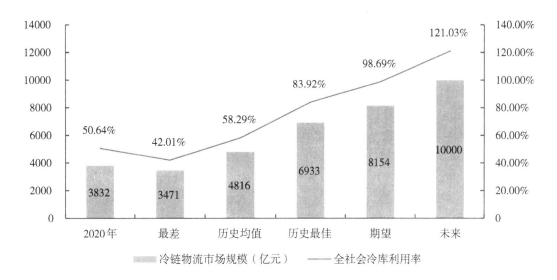

图 10　全因素驱动的冷链物流市场发展趋势

（1）基础设施更加完善。依托农产品优势产区、重要集散地和主销区，布局建设 100 个左右国家骨干冷链物流基地。

（2）各种布局、政策、补贴逐步向我国中西部地区倾斜。

（3）到 2025 年，重点建设 3.5 万座仓储保鲜设施、250 座产地冷链集配中心，实现新增产地冷链物流设施库容 1000 万吨以上；到 2030 年，累计建成 6 万座仓储保鲜设施、500 座产地冷链集配中心，实现新增产地冷链物流设施库容 4400 万吨以上。

从全社会冷库供应总量的角度长远来看，足够满足未来的冷链物流市场的扩张需求。然而，由于未来上海、深圳、广州等沿海一线城市的冷库在我国农产品内循环、外循环的双体系下同时承担销地库和中转库的功能，因此在以中西部地区为主的产地冷链物流设施库容增长背景下，冷库供不应求的局面则有可能率先在位于沿海的一线销地城市出现。

五、结论

在电商行业快速发展的推动下，国内冷链物流市场近 10 年迎来了较为快速的发展，市场规模也达到了 4000 亿元。然而，在近年来新冠疫情、俄乌冲突、美联储加息等不利因素的共同作用下，国内冷链物流同时承受了冻品进口量锐减、线上生鲜销售量断崖式下跌、餐饮行业发展受限等情况，导致 2022—2023 年的国内冷链物流跌至谷底。经测算，全社会的冷库平均利用率不足 50%，不少冷链企业面临经营困难的问题。未来中西部地区冷库供应量增长，我国冷库供应量到 2025 年可增加 10% 以上，到 2030 年可增加 50%，届时冷库会进一步供大于求，普遍对冷链物流的健康发展信心不足。

针对此问题，本文对各影响因素进行系统性分析，结果表明，若生鲜电商能够满足社会短期内消费降级的大趋势，线上生鲜消费按照 2021 年前的速度继续反弹若干年，以当前我国存量冷库容量测算，国内全社会的冷库平均利用率将超过 70%，若不利影响因素全部消除，比如冻品进口量恢复，餐饮企业增长率和人均收入恢复正常增速，冷链物流市场将得到快速发展，结合我国中长期的城镇化目标，最终全社会的冷库平均利用率将超过 100%。

在实际业务中，一旦全社会的冷库平均利用率达到 70% 以上，则会造成热点地区一库难求的局面，进而导致冷库租金的挤压性上涨，从多维度促进冷链物流企业营运效益的提升。

为了解决可能的冷库供不应求的问题，以及考虑到我国冷链仓储资源东西部严重失衡的现实，国务院办公厅发布了以《"十四五"冷链物流发展规划》为代表的一系列未来支持冷链物流发展的方案与目标，未来的冷链物流发展重点在我国中西部地区，足够满足当外部不利因素消失后，未来的冷链物流市场的扩张需求。

鼎一投资　投研部

第三方仓储物流企业如何
提升监管信用
——以农产品仓单融资业务为例

一、行业背景

在第三方冷链仓储物流企业（以下简称"冷链企业"）主导的农产品供应链金融服务中，将金融机构、冷链企业和农户及农产品加工商、贸易商（以下简称"融资人"）连接起来。金融机构为供应链金融服务带来资金流；融资人带来商流；冷链企业为金融机构和融资人提供仓储物流服务及金融监管服务，为金融机构提供必要、及时的信息反馈，同时为融资人提供增信支持（如图 1 所示）。

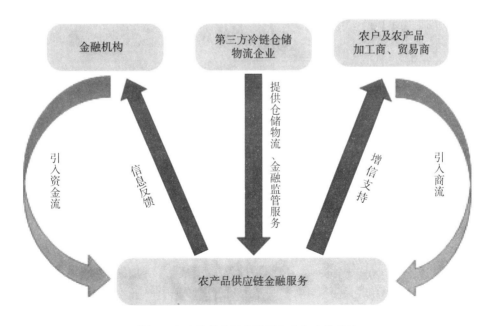

图 1 农产品供应链金融服务参与主体结构

在委托代理关系中，冷链企业作为农产品供应链金融服务中的关键节点，同时对接金融机构和融资人。冷链企业因其专业性，能更加清楚地了解融资人的农产品存货的种类、品级、质量等信息，基于入库、盘点、出库等作业，能掌握存货质押的商品状况及库存变动。当冷链企业将这些信息反馈给金融机构时，可以让金融机构及时获取这些质押物的信息流向，从而促使金融机构放贷。

然而，在金融机构和冷链企业的委托代理关系中，冷链企业作为代理人收到来自金融机构的金融监管费，远远不及存货质押下的货值及银行给予的授信额度。基于学术界的理论分析，结合存货质押业务实际操作的经验总结，主要存在以下风险。

（1）信息不对称风险。融资人为了获得更多的资金，会尽可能让质押物的价值提高，冷链企业会因为业务需要，制作虚假的质押物入库报告，甚至配合融资人通过一些虚构贸易形成一些交易合同和单证，以此来骗取贷款，或者将库内已经质押的农产品重复质押，造成金融机构的物权损失，从而影响金融机构对质押农产品的处理和最后的收益。

在传统的仓储企业金融监管业务中，由于冷链企业与融资人之间信息不对称，融资人以及冷链企业出于对银行授信额度或货物的非法获取目的，容易出现对于已经质押融资货物的以次充好、重复质押等问题，给存货质押供应链金融业务的货权管理带来风险，同时在仓储、物流过程中一旦发生货物质量损坏，对责任的判定和后续追偿也有难度。

（2）道德风险。指在存货监管期间，冷链企业与融资人合谋，利用信息优势，在金融机构未给出解除质押通知的情况下私自放行，允许融资人提货，或者用品级、价格更低劣的农产品替代原本质押的农产品，甚至直接将冷库内监管、存储的农产品转移贩卖，取得非法收益，即监管失效、违规操作下的货物以次充好、无单放货以及非法挪用等行为。

在传统的仓储企业金融监管业务中，容易出现内外勾结、单货不一致等情况，单纯依靠管理人员监管、防控已经无法满足当前金融机构的监管需求，也势必给农产品质押融资业务的安全性带来隐患。

（3）奖惩机制失灵风险。冷链企业出于对寻租回报（寻租舞弊的非法收入）的追求，以及对违规后果的轻视，铤而走险，选择与融资人串通，采取上述风险行动。

若融资人串通冷链企业，以部分监管下的农产品或金融机构提供的授信额度为回报，联合欺瞒金融机构，则冷链企业会陷入利益博弈的处境。

当前供应链金融业务的开展环境面临诸如主管部门前期审批、后期备案制度不完善、针对金融监管问责的制度不健全、保险涵盖范围不全等一系列问题，难以完全杜绝供应链金融业务中的商业欺诈等违法行为。

二、金融监管关系及风险分析

对于具有一定规模的冷链企业，由于经济规模效应，信用提升对其带来的潜在收益空间较大；对于信用成本较高的冷链企业，信用下降对其带来的机会成本与前期投入损失更大。同时，一旦融资人出现到期不还款等单方面违约事件时，冷链企业的补救和处置能力也十分重要。因此，具有长期信用积累、较强运营能力及较大规模的冷链企业，是相对理想的农产品供应链金融业务的监管企业，通过事前评价选择适合的冷链企业作为金融监管企业和金融监管仓进行合作，可以在很大程度上保障委托代理模式的奖惩机制不会失灵，从而保障金融监管业务的安全。

基于图2分析，冷链企业选择采取严格监管，或选择与融资人串通隐瞒金融机构两种决策时，对冷链企业的收益与支出进行梳理。

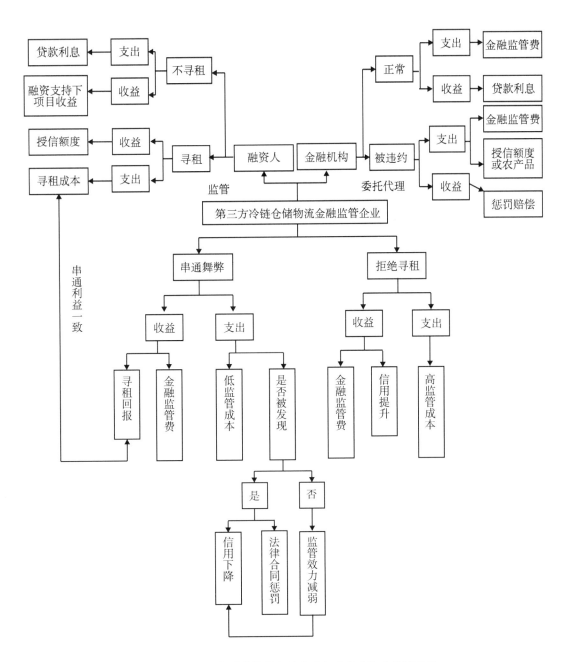

图 2　冷链企业金融监管业务的各参与方收益和支出博弈树

第一，选择严格监管。在质押农产品评价、质押监管及操作流程方面，投入较高的监管成本，一旦发现融资人的违规行为，就立即进行制止并报告给金融机构。此时冷链企业的收益为金融机构支付的金融监管费，以及基于维护信用取得的未来更多金融监管及仓储业务机会，支出为较高的监管成本，不仅包括设备投入与维护、人员配备等，还包括取得金融机构认可后，得到了引流的效果，将更多的质押物存放在冷链企业，冷链企业获得金融监管费及仓储、装卸等服务费用。在此情况下，融资人获得的收益为获得金融机构融资支持后的正常项目收益，支出为贷款利息；金融机构获得的收益为向融资人收取的贷款利息，同时向冷链企业支付金融监管费。

第二，选择与融资人串通，向金融机构隐瞒其违规行为。冷链企业的收益为金融机构支付的金融监管费，以及配合融资人串通舞弊行为的寻租回报，支出为较低的监管成本，同时在串通舞弊行为被发现的情况下，也面临着由于信用降级带来的未来金融监管、仓储业务的损失，以及基于法律和监管合同的违规惩罚。在此情况下，融资人获得的收益为来自金融机构的授信额度，支出为付给冷链企业的寻租成本，以及陷入司法纠纷。金融机构获得的收益为基于合同对冷链企业的违约惩罚，同时不但会造成前期授信额度或农产品灭失的损失，也可能会损失已经支付的金融监管费。

三、冷链企业的利益博弈分析举例

设定在上海地区开展金融监管业务，其中冷链企业对各类农产品的金融监管费为 2 元/（吨·天），监管周期为 180 天。随着监管天数的增加，金融监管费也累计增加；随着监管周期的延长和贮存期限的临近，各类农产品会贬值。按照行业惯例，设定肉类贮存终期残值为原始价格的 50%，乳制品贮存终期残值为原始价格的 30%。综合对比冷链企业针对各类农产品收取的金融监管费，以及金融机构对该类农产品的授信额度（如图 3 所示）。

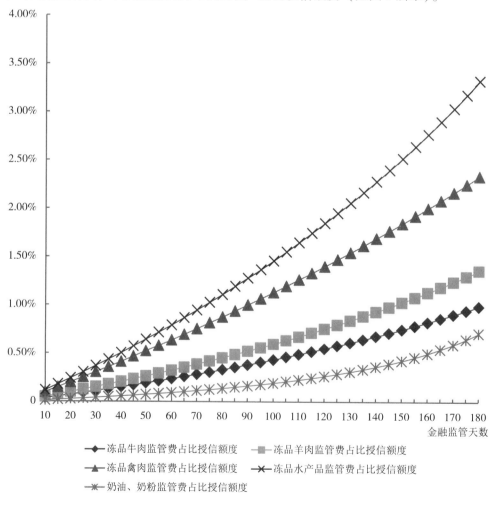

图 3　各类农产品金融监管费占比授信额度

通过以上分析可知，即便在考虑到农产品价格贬损的情况下，在 180 天的金融监管周期内，冷链企业收取的金融监管费占比授信额度仅在 3.5% 以内，部分农产品占比还不足 1%。相较于金融机构对农产品的融资授信额度，冷链企业收取的金融监管费显得微不足道。因此冷链企业作为仓单融资业务监管方的内生性隐患十分显著，是迫切需要解决的问题。

由于冷链企业的行为决策是影响整个农产品存货融资金融业务运行顺利与否的关键所在，因此从冷链企业的角度进行博弈策略的收益与损失重点分析，设计博弈参数见表 1，其损失、收益博弈树如图 4 所示。

表 1　冷链企业金融监管博弈参数

符号	定　义
S	冷链企业金融监管报酬
I	严格监管下冷链企业监管投入
I'	串通舞弊下冷链企业监管投入
C	冷链企业信用提升收益
C'	冷链企业信用下降损失
W	冷链企业寻租收益
P	串通舞弊行为被发现的概率
R	严格监管下冷链企业净收益
R'	串通舞弊下冷链企业净收益

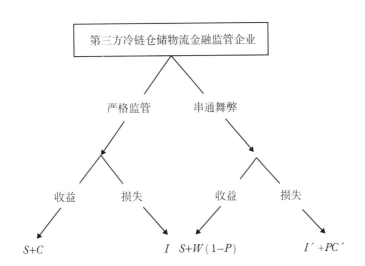

图 4　冷链企业金融监管收益与损失博弈树

通过梳理分析冷链企业在严格监管及串通舞弊两种情况下的收益与损失。

冷链企业选择严格监管情况下的期望净收益为：$R = S + C - I$。

冷链企业选择串通舞弊情况下的期望净收益为：$R' = S + W(1 - P) - I' - PC'$。

由以上分析可知，如果降低冷链企业与融资人串通舞弊行为的概率，则应尽可能提升严格监管情况下的期望净收益 R，减少串通舞弊情况下的期望净收益 R'，使 R' 降低到严格监管情

况下的期望净收益 R 以下，两者差值为：$\Delta R = R - R' = C - (I - I') - W(1 - P) + PC'$。

由上式可知，当 ΔR 越大，则表示冷链企业在严格监管下所获收益比串通舞弊所获收益多更多，因此当 I' 与 I 越接近，或者 P 越接近 1，或者 C 与 C' 越大，则冷链企业金融监管业务的安全性越高。针对几个参数，主要应采取以下措施。

（1）增加串通舞弊下冷链企业监管投入 I'。主要针对道德风险进行治理，通过加大库内监管设备、监管企业人员投入，加强金融监管流程制度管理，使冷链企业在库内的移花接木、违规放货等监管失职行为被监测并报警，阻止冷链企业的违规行为。

（2）增加串通舞弊行为被发现的概率 P。主要针对信息不对称风险进行治理，通过增强农产品供应链金融业务的信息传递效率，打消冷链企业的信息优势，使金融机构同步获悉质押农产品的货物价值信息、出入库信息、库内地理位置变动信息、抵押信息、质押信息等，发现冷链企业的隐瞒行为。

（3）增加冷链企业信用提升收益 C、冷链企业信用下降损失 C'。主要针对委托代理关系的奖惩机制失灵风险进行治理，通过法律结合商务的角度，使冷链企业一旦被发现与融资人串通舞弊，则会受到由于信用下降带来的难以承受的来自法律及商务上的惩罚和损失；相反，若冷链企业选择配合金融机构严格监管，信用不断提升所获得的收益能鼓励其不断维持良好的金融监管服务。

四、应对方案

从上述 3 个方面加强、促进冷链企业的金融监管服务能力，有助于解决农产品供应链金融业务下委托代理问题产生的一系列风险。

针对道德风险进行治理，通过加大库内监管设备、监管企业人员投入，加强金融监管流程制度管理，建立冷链企业存货质押业务的库内监管系统。通过技术控货，实现仓储的数字化、智能化监管和风控督导，利用出入库 AI 摄像头、RFID 标识、温湿度监控、智能门锁等监控手段，建立基于仓库内外智能设备的互联互通，实现仓库、货物、工具、人员、关联系统的监管，实现农产品入库、在库、出库、盘库等各类作业的多维度全流程技术控货。以国内某冷库金融监管仓改造方案为例，该冷库原本配备 WMS，基于客户提供的采购清单，自动生成入库单、出库分拣单、出库单、托盘标签等，通过绑定货物与托盘信息，实现从入库计划、托板上架、出库计划、车辆配送信息等全流程信息记录。

针对信息不对称风险进行治理，通过增强农产品供应链金融业务的信息传递效率，实现金融机构与冷链企业之间有关货权、货物质量、地理、价格信息的同步，使金融机构更易发现冷链企业的隐瞒行为，建立物流仓储信息数据的追溯机制，是打通串通舞弊时农产品供应链金融业务下的信息孤岛的问题。将区块链应用到农产品供应链金融业务当中，可以对物流监管过程中的各项信息的有效性进行有效检测，强化农产品追溯力度，了解各种农产品的来源、运输渠道和销售途径，借此提升农产品追溯过程中各项数据信息的传输效果和实际管控力度。将采购合同、商检证明、入库运单、货物发票、批次号、仓单、入库单、盘库记录、出库单、出库运单等单证信息上传区块链，与链上的物联网物流金融监管数据耦合，通过单证与监管数据的链上存证的交互验证，形成闭环监管，全流程保障质押农产品的质量、物权、价值安全。

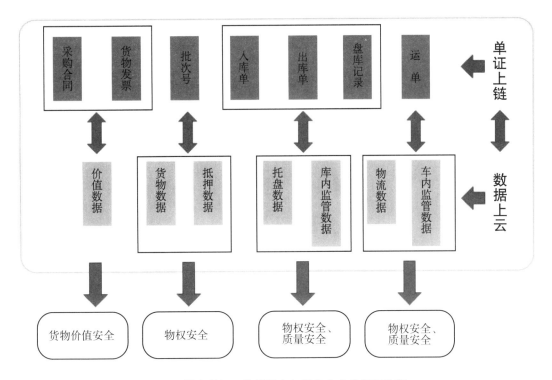

图 5　链上单证、数据耦合与货物安全的闭环监管

　　针对奖惩机制失灵风险进行治理，从商业博弈的角度来看，冷链企业在协助金融机构开展农产品供应链金融业务期间，若选择恪尽职守、严格监管，就可以维护其信用，长期的信用累积会为冷链企业带来一系列好处，如当前业务的稳定性、未来业务的增长，以及源于监管协议的奖励措施；反之，若冷链企业选择配合融资人串通舞弊，欺瞒金融机构，就会造成信用的损失，并受到法律的惩罚、当前及未来业务的损失，以及源于监管协议的惩罚措施。

　　由此建立系统动力学博弈模型，假设农产品供应链金融业务开展地为上海，监管货物为冻品牛肉，监管费用为 1 元/（吨·天），冷链企业的收益、固定成本、变动成本按照市场水平测算。通过调节"监管企业规模""监管企业盈利能力""串通损失赔偿期限" 3 个系统动力学变量，会对监管过程中的监管企业收益产生显著影响，其中"监管企业规模"体现了监管企业的仓储能力，"监管企业盈利能力"是监管企业的运营能力的结果，"串通损失赔偿期限"则在监管企业的企业条件中有所体现，包括商业信用、财务状况、保险及规章制度等。

　　针对监管企业的仓储能力、运营能力及企业条件对监管信用的影响程度进行分析，同时变动监管企业总库容、综合满仓率及补偿延迟期限 3 个变量，运用 Vensim 软件系统动力学模型建立监管企业收益与监管信用因果反馈图，如图 6 所示。

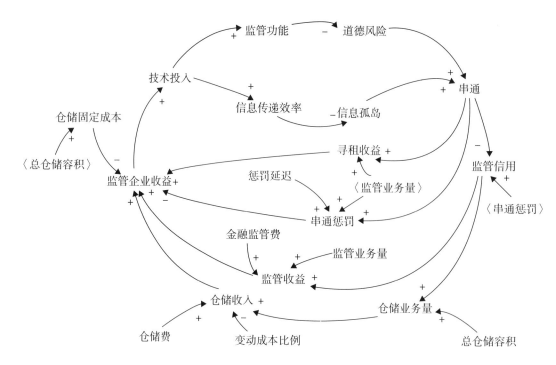

图 6 监管企业收益与监管信用因果反馈图

进行 120 次仿真分析，提取部分仿真结果，得到变动运营能力及企业条件下的监管企业收益和变动仓储能力及企业条件下的监管企业收益，总结如表 2 所示。

表 2 农产品供应链金融监管信用系统动力学模型仿真输出对比分析

监管企业规模	监管企业盈利能力	串通损失赔偿期限	监管货量	最大损失	损失挽回周期	终期收益与寻租收益比例	监管企业修复信用意愿
中、小企业	较差	迅速赔偿	少量	持续扩大	无法偿还	负值	弱
中、小企业	具有持续经营能力	迅速赔偿	少量	可控	一般	不显著	一般
中、小企业	强	迅速赔偿	少量	小	较短	显著	强
中、小企业	具有持续经营能力	延期赔偿	少量	较大	较长	不显著或负值	偏弱
大型企业	较差	迅速赔偿	少量	极大	无法偿还	负值	弱
大型企业	具有持续经营能力	迅速赔偿	少量	可控	一般	显著	强
大型企业	强	迅速赔偿	少量	小	短	极显著	极强
大型企业	具有持续经营能力	延期赔偿	少量	大	较长	显著	较强
大型企业	强	延期赔偿	少量	可控	短	极显著	极强
大型企业	具有持续经营能力	迅速赔偿	中等	可控	短	显著	极强
大型企业	具有持续经营能力	迅速赔偿	大量	可控	短	显著	强

对模型结果进行分析，通过调节"监管企业规模""监管企业盈利能力""串通损失赔偿期限"3个系统动力学变量，在监管过程中的监管企业收益走势是不同的，从上述模型输出结果直观判断，在出现串通舞弊造成的信用贬损情况下，因为大型企业的固定成本支出相对较多，所以相较中、小企业的损失也更多；在通过赔偿损失修复信用后，具有持续经营能力或较强经营能力的大型企业依托规模经济优势，可以较快收回成本，并且在24个月终期所取得的主营业务收益相较于串通舞弊取得的非法收益也十分可观，因此具有较强的意愿恢复信用；一旦监管企业的赔偿延期，信用修复进度也会延期，所遭受的损失也会扩大，进而导致损失回收期延长且终期收益相较于串通舞弊取得的非法收益比例减少，从而降低了监管企业的信用修复意愿。

基于模型的敏感性分析结果，金融机构在选择冷链企业时，应着重对该冷链企业的仓储规模、运营能力及企业条件进行评价，其中对企业运营能力的考察最为重要，其次分别为企业规章制度等条件及仓储规模。

表 3　监管信用各影响因素贡献程度

影响因素	监管信用评价贡献程度
仓储规模	17%
运营能力	60%
企业条件	23%

五、结论

农产品供应链金融业务的委托代理风险主要包含道德风险、信息不对称风险及奖惩机制失灵风险。针对农产品供应链金融业务的委托代理风险，从第三方监管企业的利益博弈角度来看，通过增加串通舞弊下冷链企业监管投入、增加串通舞弊行为被发现的概率及增加冷链企业信用提升收益、冷链企业信用下降损失的3条措施，可以有效解决农产品供应链金融业务中的风险，提升冷链企业的监管信用。

针对道德风险的治理，主要通过增加串通舞弊下冷链企业监管投入，布置物联网监管系统、人员投入及金融监管流程制度管理，基于技术手段和管理流程对库内的可能违约行为检测、记录并预警，规避农产品供应链金融监管过程中的监管风险及质量风险。

针对信息不对称风险的治理，主要通过引入区块链技术，应用区块链分布式记账、不可篡改的特点，将货物及价格信息、农产品物流、仓储过程中的监管信息数据和重要节点单证在链上存证，从而使金融监管信息对于金融机构无法隐瞒，一旦融资人与冷链企业有串通舞弊行为，则会被金融机构发现，规避农产品供应链金融监管过程中的确权风险及价格风险。

针对奖惩机制失灵风险的治理，通过事前对仓储能力、仓库及运营平台评价，对于资信良好、具备一定规模和运营能力的冷链企业，一旦与融资人串通舞弊，其信用下降将影响到其所有业务，带来的损失难以承受；反之，若冷链企业配合金融机构严格监管，维持良好的信誉，基于其广泛的业务规模场景，所带来的业务增长及客户粘性将使其长期获得收益，从而保障了奖惩机制的有效性，规避了农产品供应链金融监管过程中的法务风险及处置风险。

王大山，复旦大学管理学院博士后研究员、经济师、FRM 持证人（金融风险管理师），研究方向：供应链金融、风险管理。

储雪俭，上海大学现代物流研究中心主任、教授、博士生导师，研究方向：供应链金融物流、物流园区规划。

宁钟，复旦大学管理学院教授、博士生导师，研究方向：供应链管理、商业模式。

智慧仓储系统中的 AGV 应用与调度问题

自动引导车（AGV）在近些年得到了迅速的发展与应用，如在自动化仓库系统、柔性制造系统和集装箱码头系统等。AGV 应用中最值得注意的问题是 AGV 任务调度和路径规划。针对这个问题，本文比较了不同算法在 AGV 任务调度和路径规划中的应用，结合调度算法的发展趋势，对 AGV 在智慧仓储系统中的应用前景进行了探讨，指出了未来可能的研究方向。

一、AGV 对仓储环境的要求

AGV 在仓储企业中的使用需要满足一系列条件，包括基础设施、技术系统和运营管理等方面。仓储企业需要根据自身的实际情况选择合适的 AGV 型号和配置，并建立完善的管理制度和培训体系，以确保 AGV 能够为企业带来高效、准确的物料搬运服务。

（一）基础设施要求

在地面方面，AGV 需要在平整的地面上运行，以确保其稳定性和安全性。因此，要求地面不能有障碍物、凸起或不平整的部分。

在照明方面，足够的照明对于 AGV 的运行和导航系统非常重要，仓库应提供足够的光线，以确保 AGV 可以准确地识别地标、导航路径和障碍物。

在导引设施方面，AGV 通常依靠一些导引技术，如磁铁带、激光导航或无线信号等。在仓库中，这些导引设施需要正确地安装和标识，以便 AGV 能够顺利地进行导航和定位。

在交通标志方面，仓库内应设置清晰的交通标志和指示，包括行车道、禁止通行区域和优先通行区域等，以确保 AGV 与其他设施、工具或人员的协同工作。

（二）技术系统要求

WMS 是仓储企业的核心管理系统，负责处理所有的入库、出库、移库等作业指令。AGV 需要与 WMS 进行无缝对接，接收作业指令并完成相应的搬运任务。AGV 的导航系统是其核心组件之一，负责指导 AGV 在仓库中准确地行驶和定位。常见的导航系统包括激光导航、磁带导航、视觉导航等，企业需要根据实际需求选择合适的导航系统。为了保障 AGV 和人员的安全，需要配备安全防护系统，如碰撞检测、紧急停车、避障等功能。这些功能可以在发生异常情况时及时停止 AGV 的运行，避免事故发生。

（三）运营管理要求

仓储企业需要为 AGV 的操作人员提供专业培训，确保操作人员熟悉 AGV 的操作流程和注意事项；还需要定期对操作人员进行考核和评估，确保操作人员具备足够的技能和知识。AGV 作为一种机械设备，需要定期进行维护保养，以确保其正常运行。企业需要建立完善的维护保养制度，定期对 AGV 进行检查、清洁、润滑等工作。企业需要建立完善的调度管理制度，根据作业需求和 AGV 的实际情况进行合理的调度安排。同时，还需要对 AGV 的运行数据进行监控和分析，以便及时发现问题并进行优化改进。

二、AGV 在仓储环境中的应用

AGV 在智慧仓储中的应用，既有管理问题，也有技术问题。管理问题是指要考虑许多实验条件、用户需求、环境变化等；技术问题是指需要在成本、质量和效率之间做出权衡。如今，AGV 的应用已经得到了广泛的研究。AGV 系统可分为集中式系统和分散式系统。集中式系统便于应用，但在大型场景中可能难以很好地工作；分散式系统在大型场景中工作良好，但对软硬件的要求相对较高。然而，通过合理的仓库布局，仍然可以节约20%~50%的成本。

仓库中一般有收货和发货两大作业流程，耗时最多的任务是拣货，如何设计合理的算法减少 AGV 的行驶时间是智慧仓储系统中的一个关键问题。针对 AGV 行驶时间的算法主要考虑以下两个方面。

一是 AGV 任务调度问题。在作业过程中，为了快速完成一项拣货任务，需要找到一辆能够尽快到达任务起始节点的 AGV，这是 AGV 任务调度问题。AGV 移动到开始节点的这段时间被称为间隔期，间隔期越短，仓库运行的效率就越高。因此，AGV 任务调度的目标是找到一辆能尽快响应订单的 AGV。虽然有许多 AGV 调度方法，但多数算法在棋盘式场景中的性能很少得到验证。

另一个是 AGV 路径规划问题，这既包括单目标优化问题，也包括多目标优化问题。对路径规划算法有以下三个要求：最短路径；尽量减少时间消耗；有效的路径规划。经典的 AGV 路线规划算法，如 Dijkstra 算法，在小型仓库中可以很好地工作，但在节点较多的复杂环境中就会变得效率低下[1,2]。

三、AGV 任务调度

AGV 的任务调度问题在各种实际场景中都会出现，调度方案的好坏直接影响 AGV 的运行效率和物流系统的成本。经典的 AGV 调度方法并不适合当前多节点的场景，既没有考虑能源、成本等问题，也没有考虑棋盘式仓库的特征，只是控制 AGV 沿基本方向行驶，并在节点处转弯[3]。大多数使用欧几里得方法来评估距离，但它具有以下缺点：当数据样本不平衡时，不能很好地进行调度；大规模环境下计算量大，需要花费大量的时间对数据进行预处理；最短欧氏距离并不意味着 AGV 在网格环境下的最短行驶距离。因此，基于欧氏距离的调度方法不适用于棋盘式仓库。Dijkstra 算法是一种基于图论的经典路由算法，可以将 AGV 的路由规划集成到 AGV 任务调度中，即目前的基于 Dijkstra 算法的任务调度算法。基于 Dijkstra 算法的 AGV 调度算法使用广度优先搜索计算最优解，这样我们不仅可以获得最优 AGV 的位置，还可以获得时间最短路线。虽然基于 Dijkstra 算法的 AGV 调度算法在棋盘式环境中优于其他算法，但与棋盘式仓库相关的研究较少。

研究人员针对 AGV 的任务调度问题提出了许多解决方案。Bechtsis 等回顾了 AGV 规划和控制的可持续性[4]。Ryck 等回顾了 AGV 相关控制算法和技术，并提出了一种基于禁忌搜索的启发式算法来解决柔性制造系统中机器和 AGV 的同步调度问题[5]。使用数学方法来建模调度问题，包括路径布局、车辆容量等限制作为约束，以及单个或多个目标，如最短和最长的完工时间、执行时间和延误等。由于问题的复杂性，主要应用一般启发式、分解算法、自适应遗传或模拟退火算法。徐天凤基于蚁群算法对港口船舶物流进行优化，通过建立港口船舶物流的数学模型，对物流运输中的任务序列进行了优化调度[6]。Yang 等分析了集装箱堆场多台起重机和车辆的同时调度问题，利用遗传算法计算集装箱装卸时间，以最小化完工时间为目标获得平均最长的完成时间和所有 AGV 的平均资源转移时间[7]。

四、AGV 路径规划

AGV 路径规划是找到一条连续的、无死锁的路径，使 AGV 从起点到目标位置的拥堵延迟最小，从而在起点、终点之间自主导航。在静态环境中，路径规划通常只执行一次，但动态环境可能需要多次寻找无碰撞路径，以便多辆 AGV 绕过或清除障碍。

Ragothaman 等研究了 AGV 的路径规划问题，使用全球导航卫星系统（GNSS）卫星和蜂窝基站的数据融合，对自身状态进行估计，从而规划路径，从已知的起点出发，以最短的距离到达已知的目标[8]。Shan 等提出了一种基于时间窗的多 AGV 无碰撞路径规划通用算法，深入研究了传统单车规划和冲突解决算法的不足，建立了路径规划的时间窗改进算法和路径冲突协方差的求解方法，经实验表明，改进的算法缩短了路径规划时间，提高了任务的准时交付率[9]。Wang 等针对智能停车系统中存在大量不连通路径的问题，提出了一种改进蚁群算法的后备策略，用于基于 AGV 的智能停车系统的路径规划；同时，采用价值函数优化启发式信息的计算过程，采用奖惩机制对信息素更新策略进行优化，使改进的蚁群算法可以在不牺牲搜索效率的前提下，为 AGV 规划从起点到终点的最优路径[10]。Yuan 等为避免多辆 AGV 路径冲突，提出了一种双层路径规划算法来优化多辆 AGV 的路径，使用改进的 AGV 算法在全局拓扑图中规划 AGV 全局路径，得到最短路径的同时，尽可能减少了 AGV 路径冲突[11]。

在多 AGV 的仓储物流系统中，由于拥堵或死锁等限制，最短路径不一定会得到最短运输时间。有研究利用数学建模引入无冲突或无死锁策略寻找最短路径，并解决组合调度、车辆数量等问题。郭秀萍等提出一种卡车—无人机联合配送模式，并设计了三阶段规划求解方法。第一阶段，采用改进的 K-means 聚类算法对客户进行分类，将聚类中心作为卡车配送点；第二阶段，基于旅行商问题模型确定卡车经过所有配送点的最优行驶路线；第三阶段，构建每个配送点续航和容量约束下无人机的路径优化问题并求解，实现了以较低成本将货物送达客户[12]。李圣男等提出了一种基于时间 Petri 网的多 AGV 调度优化算法，该算法利用时间 Petri 网对大规模双向车道环境下多 AGV 的仓库调度过程进行建模，并在分解后对 AGV 进行单独分析，减少了算法的时间复杂度，引入传统外点惩罚函数法构建以 AGV 调度时间为指标的目标函数，通过对 AGV 运行路径信息的依次迭代和更新，解决了其在调度过程中的碰撞问题，并在此基础上增加碰撞类型分析，以目标函数最优为原则对路径进行局部规划，实现了调度方案最优[13]。

AGV 任务调度和路径规划对于缩短当前棋盘式应用场景下的任务运行时间至关重要，全文对 AGV 在仓库中的应用进行了研究，讨论了 AGV 任务调度、AGV 路径优化等问题。研究发现，虽然 AGV 任务调度问题由来已久，但对于棋盘式仓库中的动态调度还没有较好的算法，因为节点数量增多，AGV 的路径规划变得更加复杂，距离最短的路线不一定是最优路线。尽管经典的基于人工智能的路径规划算法在 AGV 路径规划中工作良好，但也有一些局限性，很少有研究从根本上减少算法时间，这是今后研究的重要方向。

临沂商贸物流科技产业研究院　张家玮、潘明明、孙百惠

参考文献

［1］陈卫彬，郑志军，富威，等. 大型船舶平面分段智能车间的物流系统［J］. 船舶工程，2018，40（11）：7-11.

［2］黄逸文，黄文焘，卫卫，等. 大型海港综合能源系统物流—能量协同优化调度方法［J］. 中国电机工程学报，2022，42（17）：6184-6196.

［3］Liu Y B, Ji S W, Su Z R, et al. Multi-objective AGV scheduling in an automatic sorting system of an unmanned（intelligent）warehouse by using two adaptive genetic algorithms and a multi-adaptive genetic algorithm［J］. Plos One, 2019, 14（12）：1-21.

［4］Bechtsis D, Tsolakis N, Vlachos D, et al. Sustainable supply chain management in the digitalisation era：The impact of Automated Guided Vehicles［J］. Journal of Cleaner Production, 2017, 142：3970-3984.

［5］De Ryck M, Versteyhe M, Debrouwere F. Automated guided vehicle systems, state-of-the-art control algorithms and techniques［J］. Journal of Manufacturing Systems, 2020, 54：152-173.

［6］徐天凤. 蚁群算法在港口船舶物流中的应用研究［J］. 舰船科学技术，2016，38（24）：175-177.

［7］Yang Y, Zhong M, Dessouky Y, et al. An integrated scheduling method for AGV routing in automated container terminals［J］. Computers & Industrial Engineering, 2018, 126：482-493.

［8］Ragothaman S, Maaref M, Kassas Z M. Autonomous Ground Vehicle Path Planning in Urban Environments Using GNSS and Cellular Signals Reliability Maps：Models and Algorithms［J］. IEEE Transactions on Aerospace and Electronic Systems, 2021, 57（3）：1562-1580.

［9］Shan H Y, Wang C, Zou C G, et al. Research on pull-type multi-AGV system dynamic path optimization based on time window［J］. Proceedings of the Institution of Mechanical Engineers Part D Journal of Automobile Engineering, 2021, 235（7）：1944-1955.

［10］Wang X W, Shi H, Zhang C. Path Planning for Intelligent Parking System Based on Improved Ant Colony Optimization［J］. IEEE Access, 2020, 8：65267-65273.

［11］Yuan Z H, Yang Z M, Lv L L, et al. A Bi-Level Path Planning Algorithm for Multi-AGV Routing Problem［J］. Electronics, 2020, 9（9）：1-15.

［12］郭秀萍，胡运霞. 卡车与无人机联合配送模式下物流调度的优化研究［J］. 工业工程与管理，2021，26（1）：1-8.

［13］李圣男，邢科新，林叶贵，等. 基于 Petri 网的物流仓库多 AGV 调度方法的研究［J］. 高技术通讯，2019，29（5）：494-502.

第三部分

行业典型案例

普洛斯 ASP | 全生命周期资产管理服务，助力业主资产提质增效

一、普洛斯 ASP 简介

普洛斯资产运营服务 ASP（GLP Asset Management Platform，以下简称"普洛斯 ASP"）成立于 2016 年，是普洛斯旗下领先的基础设施资产管理服务平台，围绕园区场景，实践"科技运营"理念，提供全生命周期资产管理服务，涵盖从园区规划设计、建设工程、招商租赁、运营管理到综合设施设备管理（IFM，Integrated Facility Management）、库内产品及增值服务等。运用物联网、人工智能、机器人和大数据等技术，不断提升运营效率和服务水准，对资产进行一系列智慧化、数字化、零碳化升级，为业主、租户及行业持续创造价值。普洛斯 ASP 在中国 80 余个城市的管理资产面积现已超过 4000 万平方米，服务客户超过 3000 个。

表 1 普洛斯 ASP 核心价值观

智慧高效	围绕资产场景，打造智能化科技运营，推动前沿创新服务
安全可靠	以完善的管理体系，保障平稳运营和持续提升管理品质
绿色低碳	积极响应国家号召，实施绿色低碳运营，推动行业可持续发展
客户信赖	通过线上线下多渠道方式，以客户为导向，提供全方位服务

二、普洛斯 ASP 的成立愿景

普洛斯看好中国市场的发展前景，积极参与物流地产的发展和革新。作为行业领先者，普洛斯一直创新进取，投资开发与运营管理相结合的实力和成绩也越来越受到投资人的认可。

普洛斯观察到，随着客户需求和产业政策的不断演化，物流仓储不仅是一个物理空间，更是承载了客户运营和供应链布局的核心节点，物流园区作为产业基础设施也在升级迭代，资产管理方式向智慧化、零碳化的方向发展是未来趋势。此外，在二三线城市群中有一些物流园区在运营上面临着整体投入产出效益低的问题，这是由于前期产业定位不明、产业融合不足而导致园区空置率高，以及管理手段不足导致人车调度困难。这意味着下沉市场的资产价值尚有提升空间。

一方面，普洛斯看到现代物流园发展趋势下资产管理的需求潜力；另一方面，普洛斯将科技与资产管理相结合，形成了完整的解决方案，不仅服务自建园区，还致力于将多年来沉

淀的园区运营管理经验面向行业输出，以服务更多外部的物流、工业及产业园区业主和客户，为整个行业的管理水平提升和可持续发展赋能。

三、普洛斯 ASP 的价值所在

普洛斯 ASP 具备领先于同行的科技运营能力，立足园区的人、车、货、设施、设备、空间、资金、能源的运营维护八大要素，涵盖从规划期、建设期、运营期到处置期的资产全生命周期，构建起多层次的服务体系与资产运营管理能力。普洛斯 ASP 借助新的信息技术手段，以智能化应用系统平台为支撑，将人、车、货、物等全面感知、数字连接并深度融合，重新整合园区资源，达到各方利益最大化，实现绿色高效、业务增值、链式效益、生态协同，最终达成可持续发展。

（一）科技运营，降本增效

普洛斯 ASP 始终践行"客户导向，科技运营"理念，运用"1+N"智慧管理模式，即"1 个运营中心+N 个现场/客户"高效协同管理。其中，运营中心可以实时掌握园区信息，基于数据精准决策，通过现场运营数字化连通业务环节，整合园区运营流程体系，实现对园区现场运营管理的标准化、可视化、智能化。

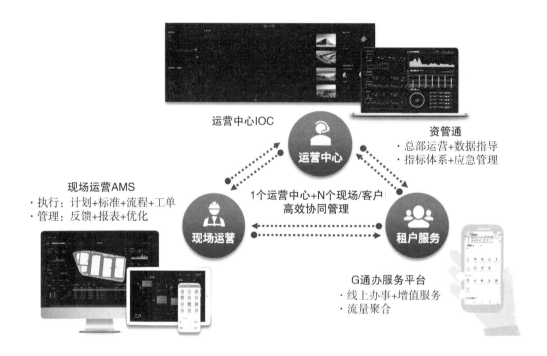

图 1　普洛斯 ASP 的"1+N"智慧管理模式

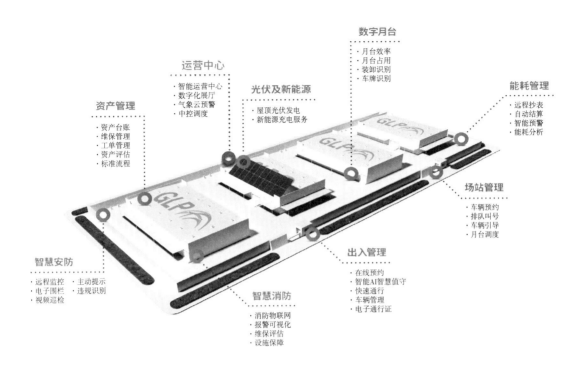

图 2　普洛斯 ASP 的智慧园区管理全场景

普洛斯 ASP 自研的气象灾害云防控智能系统在对园区管理可视化和气象灾情防控智能化等方面，发挥了非常大的作用。在灾害性天气发生前，该系统可实现预案和防控管理闭环，使可能受影响的普洛斯管理园区及时收到预警，并事先做好防范工作，有力保障了园区财产和人身安全。

同时，普洛斯 ASP 积极打造绿色运营体系，通过绿色规划、绿色建工、零碳运营、循环升级四个环节，与业主和园区租户协作。自 2022 年年底，普洛斯 ASP 启动绿色运营规模化认证计划，依据国际先进的绿色建筑运营标准，针对其管理运营的普洛斯以及其他业主的园区，开展统一标准的绿色运营认证、提供 ESG 可持续发展信息披露等增值服务，聚焦资产 ESG 价值提升，并积极响应政策，以助力资产所在区域的绿色低碳发展。

1. 绿色规划

进行 ESG 风险评估与应对、ESG 尽职调查；开展碳减排路径分析与"碳中和"前置布局；提供园区能源资源绿色管理、设备设施维护与升级方案；开展满意度调查，并制定与实施提升举措等。

2. 绿色建工

在库内二次装修改造阶段，提前考虑绿色建筑指标，选购节能设备与可持续材料；对二次装修改造的能源、水、绿化等进行管理；回收与再利用建筑材料，落实施工过程中的健康与安全风险管理，并进行本地化雇佣等。

3. 零碳运营

标准化绿色运营规范与流程，应用全流程能耗智慧化管理、智慧安防与消防管理、数字化碳资产管理工具等科技手段；优化园区节水节能，促进能源结构转换；采用智慧风险管理创新方案，提前防控，降低风险。

4. 循环升级

提升仓储运营管理效率，助力效益最大化；与租户联动共创 ESG 活动，不断提升社区的影响力；为从业人员提供 ESG 与职业技能培训等。

基于普洛斯及旗下私募股权投资平台在智能物流设备、光伏储能、商用车无人驾驶技术、新能源充电桩等方面的股权投资，普洛斯 ASP 能够促进前沿科技与实际场景结合，进行落地及验证，助力科技公司进一步完善前沿技术、打磨产品和业务模式，最终应用到园区运营和业务场景，进一步为业主及企业客户实现降本增效。

（二）顺应趋势，服务升级

基于目前市场在智能物流、节能减排、冷链等方面的发展趋势，普洛斯 ASP 当下的优势体现在利用普洛斯的产业生态资源为客户提供专业 IFM 服务，这是普洛斯 ASP 相较普通物业的主要差异化价值点之一。

从运营场景来看，传统仓库只有货架、叉车等设备，但在市场驱动下，库内将会有越来越多的智能化设备，这些设备的价值很高，需要更专业的服务商进行管理。IFM 服务从园区深入库内，可以不断提升企业整体供应链的运营效率，更柔性、高效、快速地响应市场变化。同时，备受关注的智能物流系统、食品生鲜的冷链专业化管理，以及越来越多的业主和租户都关心的节能减排等，都可以通过 IFM 服务整合管理，普洛斯 ASP 依托自身得天独厚的生态资源，充分满足不断迭代、个性化、碎片化的需求。

普洛斯 ASP 的 IFM 服务包括空间管理与物业管理、行政综合管理、安全与风险管理、设施与设备运维、环境与清洁管理、能源与健康服务等方面。

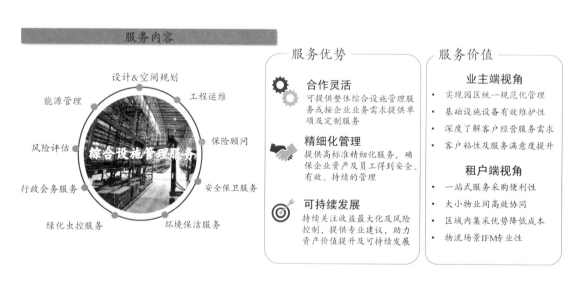

图 3　普洛斯 ASP 的综合设施管理服务

（三）客户广泛，反哺产业

普洛斯 ASP 服务的业主类型多样，除了普洛斯自建园区，还包括品牌企业自建园区、合作伙伴或地方政府投资公司规划建设的园区，以及其他投资人持有的园区等。

品牌企业并非专业的不动产开发商或园区运营者，由于业务扩大会自建物流园，但在该领域的专业能力有所欠缺。因此，普洛斯 ASP 提供的专业运营管理服务，能够让品牌企业专注于核心业务，双方更有效地发挥各自的优势。

方案策划
01 制定符合市场需求、满足投资回报要求的开发运营方案
· 市场供需分析
· 概念规划设计
· 开发运营方案
· 投资回报测算

EPCM(工程咨询和管理服务)
02 工程项目的设计和采购及施工阶段的管理服务
· 设计对标、管理及审核
· 施工管理及技术支持
· 验收支持
· 工程改造及升级

工程服务
03 为客户提供设计工程咨询以及工程建设服务
· 冷库与温控库建设
· 电力工程与机电安装
· 钢结构与装饰工程
· 工程咨询顾问

招商租赁
04 为客户和业主提供一站式租赁解决方案
· 招商策划
· 项目推广
· 招商代理
· 客户管理

科技运营
05 提供安全、平稳、高效的园区运营及智慧化管理转型服务
· 园区运营管理
· 运营科技化
· 智慧园区
· "1+N" 高效协同管理

IFM服务(综合设施管理服务)
06 提供整体综合设施管理服务或按企业业务需求提供单项及定制服务
· 设施设备管理
· 安全保卫及环境保洁
· 能源管理
· 工程维修等服务

增值服务
07 围绕客户需求，为客户创造更便捷、可持续的价值
· 零碳园区规划及绿色认证
· ESG可持续发展信息披露及宣发
· 托盘及货架装备服务
· 保险咨询及方案

图 4 普洛斯 ASP 的产品及服务

地方政府为拉动当地经济发展，会承接部分枢纽型的物流项目，这种项目普遍规模大、投资大，普洛斯 ASP 与这类投资人及业主合作会尽早介入，提供从规划、定位等前期开始的资产运营管理全生命周期服务，避免在项目施工前因欠缺行业经验指导而走弯路。

普洛斯 ASP 可以根据不同业主的要求，嵌入自身已开发并运营成熟的智慧园区服务产品，从智慧化道闸、场站管理，到园区的资产运营托管服务，主要面向下沉市场的业主、在中国国内持有产业园项目的其他基金投资人等。

积累的管理经验验证了普洛斯 ASP 业务在助力园区管理和客户运营降本增效、提升资产品质和价值方面的成效。普洛斯 ASP 也在不断优化迭代自身能力、夯实内功，服务更多的城市和业主，反哺产业，建立一个良性循环。

四、应用案例分享

甘肃公航旅金融仓储基地于 2020 年 10 月建成，由甘肃省公路航空旅游投资集团有限公司旗下金融仓储公司投资建设，总建筑面积约为 27 万平方米，其中一期项目建筑面积为7.33 万平方米，并已投入运营，极大填补了当地高标准仓储设施的空白。

普洛斯 ASP 在园区建成后接管运营管理工作，通过智能化的出入园管理、安防管理、能耗管理、资产管理打造智慧物流园区，协助业主改善园区质量，提高园区资产价值。在园区进入稳定运营阶段后，普洛斯 ASP 进一步输入绿色运营管理体系，提出 ESG 管理相关建议并采取措施，支持园区践行环境、社会及治理责任，促进可持续发展。

在普洛斯 ASP 的助力下，该园区于 2023 年 4 月获得英国建筑研究院（BRE）颁发的绿色建筑运营标准 BREEAM In-Use "杰出" 级（"Outstanding"）认证证书，并在运营管理、能源效率以及韧性三个评估指标上获得满分。

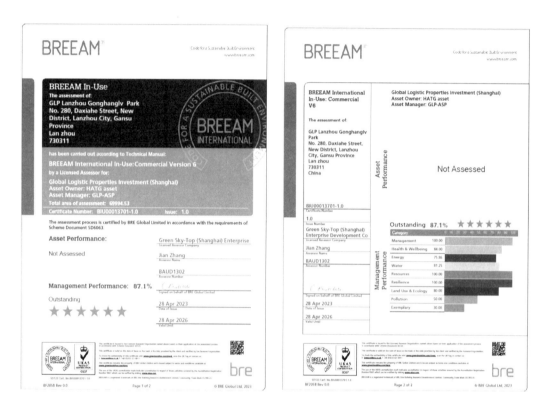

图 5　甘肃公航旅金融仓储基地获 BREEAM In-Use "杰出" 级认证证书

普洛斯 ASP 为其发布《甘肃公航旅金融仓储基地—普洛斯管理物流园 2022 年度可持续发展报告》，展示了重点成果。

节能管理：园区拥有完善的节能管理，2022 年园区公共部分能耗节能率为 22.5%，超额完成既定的节能目标。

节能改造：将部分路灯替换为 LED 节能灯，并增加了智控方式，实现每年节电约 42 万度。

水资源利用：提升园区水资源的利用效率，2022 年园区平均用水量低于物流行业平均水平，完成园区节水目标。

极端天气应对：运用气象云防控系统，有效应对极端天气，实现预案和防控管理，最大限度地降低对园区人员和财产的影响。

甘肃公航旅金融仓储基地是甘肃省首个获 BREEAM In-Use 绿色运营认证的产业园区，也是普洛斯 ASP 管理的外部业主资产中首个获得绿色运营认证的园区，既体现了普洛斯 ASP 的绿色运营管理能力，又对区域产业园区绿色转型升级起到积极的带动效应。

安得智联 | "全渠道+全链路" 一体化供应链解决方案

一、安得智联简介

安得智联是一家致力于为客户提供端到端数智化供应链解决方案的物流科技企业，通过建立且持续迭代端到端全链路数智化物流运营能力，对外输出"1+3"供应链服务模型，为客户提供从原料至成品的生产精益物流、线上线下渠道一盘货、物流仓干配一体化、2C送装一体化的系统解决方案，协助企业推动渠道变革与供应链效率优化，提升竞争优势，助力客户实现可持续发展。

二、"全渠道+全链路"一体化供应链服务，助力企业高效履约

在安得智联"1+3"供应链服务模型中，"1"是指"全链路"，"3"是指"生产物流""一盘货""送装一体"。

让物流向"价值中心"转变

🦾 **生产物流**	🏠 **一盘货**	🚚🔧 **送装一体**
灯塔工厂数字化供应链解决方案和绿色物流模式	线上线下库存共享，2b/2C一体化，提升库存效率，推动渠道变革和经营转型	帮助品牌方连接到用户，并给其更好的服务与体验

VMI、集约运输/运包一体、数据决策
运包一体集零部件运输和循环包装于一体，助力客户高效运营，节能降本

- 节约包装成本10%
- 节约物流工时25%
- 每年减排CO_2 5500吨

- **物流费用**：仓储/干线/配送、两跳到b/C的标准与成本
- **资产效率**：库存成本/资金成本/产销衔接
- **产品生命周期**：周转天数/产品保鲜/用户体验
- **渠道转型**：扁平化/bC一体/用户运营

服务类型

家电　　家居　　充电桩

- 网点数4000余个
- 司机/送装师傅6万余人

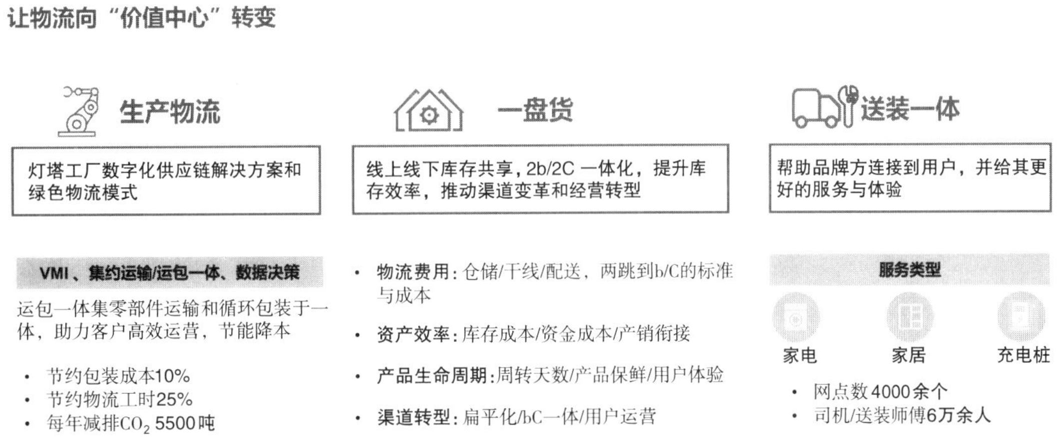

图1　"全渠道+全链路"一体化供应链服务

"全链路"的服务环节和"全渠道"的服务范围共同构成了安得智联一体化供应链服务体系。"全链路"是指从原材料的入厂物流、生产制造物流，再到流通供应链物流、"最后一公里"的送装一体服务，可以为品牌方提供真正的全链路端到端的服务；"全渠道"是指为

不同行业的客户提供全渠道一盘货解决方案及多维的实体履约服务。

安得智联一体化供应链服务是一体两面的，既在物流方面为企业提供全面的系统与运营支持，又在商流方面助力企业实现转型升级与商业变革。

端到端"全链路"一体化：安得智联与奥马冰箱展开了深度的合作，成功实现了一体化供应链解决方案的落地，并实现了全链路数字化可视化运营。自2015年起，安得智联负责奥马冰箱中山生产基地近30万平方米仓库的管理工作，年产1600余万台，不仅显著优化了渠道库存，大幅提升了库存周转率，整体运营效率也提升了30%。在终端消费体验方面，奥马冰箱通过与安得智联的紧密合作，充分利用其全国前置仓布局以及送装一体服务，显著提升了消费者的购物体验。除奥马冰箱之外，联想、方太、视源、伊莱克斯等知名企业也纷纷选择了安得智联的一体化供应链解决方案。

"全渠道"一盘货：安得智联针对知名奶粉品牌飞鹤集团在华南地区的需求，实施了"线上线下一盘货+BC一体化"的供应链优化方案，推动广州电商仓与广州总仓的资源整合，形成了单仓一盘货的模式。项目实施后，库存周转率提升了30%，物流设备综合效率也提升了20%，同时，供应链计划的准确性、订单需求的履约率以及整体交付满意度等关键指标均得到了显著提升。这一成果标志着安得智联在为B端客户和C端客户提供一体化供应链服务方面取得了显著成效，有效解决了企业线上线下产品管理割裂的问题，为飞鹤集团在华南地区的发展注入了新的活力。

面对日益复杂的客户需求，随着业务的迅速发展，安得智联凭借深厚的行业经验，已经形成了针对各细分领域量身定制一体化供应链解决方案。安得智联已为3000余家企业客户提供优质服务，业务范围涵盖家电家居、3C、泛快消等多个行业领域。安得智联的一体化供应链服务已成为众多品牌合作伙伴在创新发展道路上的新动力。

三、一体化数智化供应链服务，助力企业降本增效

安得智联凭借多年累积的供应链实践经验及持续技术投入所打造的数智化能力，通过技术驱动的一体化供应链物流服务，协助企业优化库存管理、降低运营成本、高效配置资源，使客户可以专注于核心业务，助力企业实现新增长。

现阶段，安得智联正积极运用"产品化、网络化、数智化"的核心能力，不断深化一体化供应链服务的优势。首先，在业务覆盖范围方面，从生产制造、成品干线运输，到区域内的支线配送，再到最终端的上门入户服务，安得智联通过技术创新，实现了全链路资源的有效调配和管控。其次，在运营能力方面，从高层客户、中层资源组织，到基层具体生产要素，确保对每一辆车、每一个人、每一个场地均实施精确化管理，从而强化管控力度。最后，安得智联为事前、事中、事后三个环节提供全方位支持。在事前规划中，对资源（包括车辆、仓库、人力等）进行全面统筹；在事中执行层面，按照预定计划进行有效管理，如集拼、配载等关键环节的操作；在事后反馈环节，通过复盘、售后管理等方式，持续收集反馈，不断优化服务质量。

四、自建自动化立体库，适应多规格货物、多元化渠道

在加强物流数字化的基础能力建设的同时，安得智联还成功打造了首个高标准大件自动化仓库。该仓库于 2021 年顺利投入运营，库内货架设计 9 层，有效利用面积达 2 万平方米，实现了 8 万~9 万平方米传统仓库才能达到的存储量。目前，该仓库的入库操作效率极高，最快仅需 8 分钟即可完成入库流程，仓库的日最高出库量可达 8000 立方米，坪效提升幅度约为 5 倍，人效提升幅度约为 37%。这些显著的提升不仅展现了安得智联在物流技术创新方面的领先地位，也为行业提供了可借鉴的成功案例。

仓库内各项智能设备一应俱全，打造了一个真正的无人仓：全自动搬运输送线的 AGV，能够实现货物自主移动作业；堆垛机将货物高效从货架取出并输送至分拣区；环形穿梭车 RGV 与 WMS、WCS 系统打通，结合 RFID、条码等识别技术，实现了自动化识别、存取等功能。在技术应用方面，仓库采用了自动扫码、货型检测、货到人拣选等先进技术应用，实现了货物从入园、入库、存储、出库等全过程自动化、智能化，有效解决了业内当前面临的自动出库难题。除此之外，借助 "AI+IoT" 技术、仓库管理软件 SynQ 和数据孪生系统，自动化立体库实现了仓储作业可视化，强化设备安全管理，实现了实时运营数据分析及仿真校验，成为中国自动化仓储的标志性项目。

自动化立体库的正式启用，对安得智联的数字化战略部署具有深远的影响。在业务运营方面，自动化立体库能够有效适应终端客户多样化品规需求、多元产品形态以及线上线下多渠道融合的特点，从而进一步提升安得智联的服务质量和市场竞争力。随着终端客户订单逐渐呈现出小批量、多频次的发展趋势，安得智联正在积极通过运用先进的仓库管理软件及工具，确保仓库的高效运作与快速周转。在投资回报方面，自动化立体库显著降低了人工成本，实现了物流资源的优化配置，大幅提升了运营效率，同时也优化了资产结构，推动了企业的良性改善与发展。

五、打造绿色供应链体系，助推企业低碳转型

在推动绿色战略发展的道路上，安得智联始终致力于构建集绿色运输、绿色仓储、绿色包装于一体的智慧物流体系，持续优化绿色供应链领域的服务能力。此举不仅为未来可持续发展奠定了坚实的基础，同时也积极助力企业构建绿色体系，实现绿色转型目标，共同打造低碳环保的商业模式。

在绿色运输领域，安得智联凭借物联网、云计算、人工智能等技术的综合运用，有效优化运输路线，降低运输里程与次数，从而达成节能减排的目标。例如，通过构建智能排车系统，整合货运线路与运力资源，精确匹配车辆与货物，进一步提升运输效率，实现产品到仓库、再到门店或客户全链条的降碳。在成本方面，通过多种约束条件降低车辆总数与行驶里程，实施转载率最优的车型匹配；在效率方面，车辆调度时间从平均三小时大幅缩短至五分钟；在管理方面，通过车辆在途可视化，对比司机实际运输路线，提升运输决策质量，满足客户对时效的需求。此外，安得智联还致力于推广绿色低碳运输工具，特别是新能源车，从

多个维度推动绿色智慧运输体系的构建，为行业的可持续发展贡献力量。

在绿色仓储领域，安得智联立足于"数字智能"与"节能降耗"两大核心，积极推动绿色仓储体系的构建。依托大数据、人工智能等先进技术，通过优化仓储资源配置、优化仓储作业方式、应用智能包装、自动化分拣设备等途径，提高仓储及转运环节的运作效率。此外，安得智联助力美的集团实施自动化节能、无纸化办公以及智慧化园区等专项措施，共同推动智能物流园区的创新发展。

在绿色包装领域，安得智联致力于从包装设计、生产供应等多个方面实施创新变革，构建绿色包装循环生态圈。例如，通过优化包装尺寸链及模块化设计，提高包装在运输、仓储等环节的容器适配率，全面推广标准托盘和包装箱的使用，将产品整合为规格化、标准化的集装单元。这些措施不仅实现了运输集装单元化，便于实施循环取货等运输集配，提高满载率，还实现了装卸作业单元化，提升了装卸效率。

除助力企业及行业高质量发展之外，安得智联始终秉持新型实体企业的使命，通过整合一体化供应链，将长期累积的资源与能力持续向社会及行业开放。以智能基础设施服务社会，致力于降低碳排放，推动实现"双碳"目标，从而不断为客户、行业及社会创造更多价值。

智仓科技 | 专注打造"智慧物流数字化平台"赋能商流

一、智仓科技简介

湖南智仓易商科技有限公司（以下简称"智仓科技"）成立于 2011 年，公司恪守"感恩、创新、共创、共赢"的发展理念，专注致力于经销商物流、3PL 云仓配物流、B2B 数字化营销平台三大领域的数字化深度应用研究与建设。智仓科技的客户遍及全国 30 多个省份和地区，在业内取得了良好的口碑，并已初步建立全国渠道伙伴服务体系，创造与实现了第一阶段的企业社会价值。曾获得"国家高新技术企业""软件企业认证"等称号，累计获得自主知识产权 22 项。

智仓科技匠心打造自主知识产权核心产品"智慧物流数字化平台"，涵盖 OMS 订单管理系统、WMS 智能仓库管理系统、TMS 智能运输与配送系统、BMS 物流云仓计费系统、E-OT跟单宝（货主和收货人应用小程序，方便快捷地跟踪订单物流状态）。从"高效精益物流"和"数字底座"两个方向出发，以科技赋能物流，致力于为企业的管理升级与效益提升提供落地方案，通过平台的应用连接产业上下游和生态合作伙伴，实现供应链的整体优化，推动企业数字化变革。

智仓科技充分考虑云仓与云配的全域平台化架构，结合经销商、品牌商、三方仓配物流的行业特性与共性，实现平台设计一体化、插件式应用模块化，为客户快速导入专业成熟的整体解决方案，历经 12 余年迭代升级，已为 1200 多家大型客户深度使用，帮助客户快速成长，让"科学技术是第一生产力""向管理要效益"得到真正体现。

智仓科技为客户提供"顾问式"数字化 IT 建设与实际运营落地咨询服务，可有效避免客户需要多系统供应商的选择顾虑与对接风险，实施顾问现场专业指导落地，可减少探索过程和建设周期，有效控制成本，规避企业数字化建设风险。

二、经销商供应链体系建设的案例

湖南厚普食品有限公司（以下简称"厚普食品"）成立于 2011 年，是湖南省专业的快消品、糕饼（面包、蛋糕、粽子、月饼等）、中西餐饮（中式简餐、西餐、西式快餐）的原辅料供应商，下设各业务中心、物流中心、门市部，以及常德、郴州两个分公司，业务覆盖湖南全省及贵州、江西、湖北等周边省份。厚普食品总部位于长沙创新设计产业园，集产品研发、展示展销、办公于一体，设置 1 个物流中心仓和 3 个区域仓，拥有 12000 多平方米的常温高位货架房、1万立方米的自建冷藏冷冻库、100余台市内配送与干线运输车辆，可保障物流24小时内通达全省各地。

（一）厚普食品的发展痛点

厚普食品仅使用传统 ERP 的业务管理和财务管理，因此存在以下痛点。

（1）集团管理部门与物流中心分属异地，业务部门多处分布，沟通成本高。

（2）涉及常温与冷链，有常温仓、冷藏仓、冷冻仓，不同属性商品对应不同仓库，出入库难以管控；集货区域太小，集货难。

（3）日均订单量达1000多单，订单量大，管理容易出现纰漏；难以实现先进先出，订单执行状态不明确，导致漏发订单；业务部门不能及时知晓订单进度，影响客户满意度。

（4）多仓协同拣货、集货作业难，经常时效不协调；集货装车困难，漏装、混装经常发生；整体作业依赖员工经验，难以实现责任到人。

（5）门店与仓库之间货物高频调拨，无实时数据支撑。

（6）配送影响库内拣货计划安排，不能有效做到波次管理、按车拣货；有长沙市区内配送与异地干线配送，车辆调度与配送线路规划过于依赖调度主管，排车难。

（7）升级商业模式，开始面向社会提供第三方仓配共享物流服务，但无系统支撑。

上述问题表明，厚普食品的物流整体效率仍有大幅提升空间，供应链系统平台化建设势在必行。

（二）智仓科技：业务、物流、财务一体化解决方案

针对项目的现状，经双方深入探讨后，决定采用智仓科技"B2B+访销外勤管理+OWMS+TMS+金蝶云星空 ERP"的业务、物流、财务一体化解决方案，实现商流、信息流、物流、资金流四流合一。

（1）搭建 B2B 订货商城平台，营销活动和新品推广直达终端，客户可以自由分享商城给朋友圈，并产生收益。

（2）小程序端支持商品可用库存、代客下单、所属客户商城自助订单接入归集、订单状态跟踪、促销活动、检验报告、批次报告在线化管理。

（3）业务主管、财务主管可实现小程序在线审单。

（4）收货按商品属性，可实现系统自动分发至不同仓库；收货作业参照图片收货，效期预警管控，上架策略指引上架货位，减少错误率。

（5）多仓联动（常温、冷藏、冷冻）；库存先进先出；拣货任务自动下发，拣货仓位指引动线优化，拣货后由系统指引集货，避免同一客户发货漏装；多仓任务及时预警，协同合理时效完成。

（6）调度预配，仓库按车波次拣货，仓配协同，物流效率大幅提升30%；物流排车线上化、配送线路智能规划；司机依据 App 集货区指引装车、签收、回单；采用 GPS 管理车辆，实时跟踪定位和轨迹，以及任务完成进度，合理安排任务；整体配送流程可视化、智能化。

（7）所有采购、销售出入库单据、其他出库入库、盘盈盘亏单据回传至金蝶云星空，依托金蝶强大的 ERP 核算和财务处理能力，完成存货核算和账务处理，极大释放财务人员的常

规工作压力，从而把精力放在提升财务管理上。

（三）平台价值分析

（1）企业发展战略角度：实现流程再造，供应链数字化、精细化；实现管理模式升级，打造阿米巴核算模式；实现商业模式升级，通过提供第三方物流服务，物流部升级为创收子公司；构建数字战斗力，实现可持续发展战略。

（2）决策领导层角度：解决了供应链上下游无法及时有效沟通的难题；极大释放中层管理者的常规工作，部门经理工作重点向更高管理维度转变，"向管理要效益"得到真正体现；公司运营在线化、移动化，可及时掌控与预防管理风险。

（3）中层管理者角度："营销系统（前端）＋物流交付系统（中端）＋金蝶ERP系统（后端）"一体化的模式有效协同各部门工作，连接实时、在线、高效、互为支撑；专业的系统为部门工作导入新的管理方法，效率明显提升，数据加持，任务导向与下发绝大部分自动化，管理更简单、更及时；B2B线上订单占比达35%，业务增长取得骄人成绩，渠道下沉与新品推广的综合开源与客户裂变效果明显。

（4）基层员工角度：小程序业务在线下单、审单；多仓联动（常温、冷藏、冷冻）拣货后由系统指引集货，避免同一客户发货漏装；物流任务自动接收、RF指引、语音指引作业，辅以实景货物图片展现，作业快、准、狠；智能调度、配送、签收、回单全流程信息化管理，覆盖全信息流；绩效考核明确、实时查看，提高工作积极性和趣味性；去经验化工作，培训2小时即可上岗作业。

三、第三方仓配业务效率提升的案例

徐州市库派同程物流有限公司（以下简称"库派同程"）成立于2016年11月，以统仓统配和城市共同配送为主营业务。截至2023年年底，库派同程拥有20000平方米的高位货架库，已入驻商贸公司30余家，涉及SKU6000余种，主要包含酒水、饮料、预包装休闲食品、调味品、洗化、日用百货等，配送区域覆盖全市，服务30000家终端门店、900万消费者。

库派同程整合社会化的仓配资源，与合作伙伴一起，在完善的服务体系支撑下，为商家提供具有行业特色的仓配服务，提高商家的仓配执行效率、节约管理成本，同时通过打造多样、个性化的服务向消费者提供更优质的物流服务体验。

（一）库派同程的发展痛点

随着业务规模的扩大，库派同程的仓库人员数量持续增加，导致人力成本高企不下，管理难度也在不断加大。为应对这一挑战，需要引入专业的仓储物流及物流结算一体化系统，以支撑大型第三方物流模式的运营。

由于业务模式的复杂性，单据流的接入与管理变得尤为关键。传统的对账方式既繁琐又低效，财务单据的核对工作量也相当庞大。此外，由于一个商品可能涉及多个货主，准确分辨货权归属成为一大难题。这不仅影响了货主对订单执行情况的实时掌握，还影响了货物的实时库存管理。为满足多货主的业务、物流计费和核销方面的管理需求，需要构建一套完善的解决方案，通过优化流程、提高信息化水平，确保各项管理工作的顺利进行。

（二）智仓科技：以仓为基，构建一体化解决方案

为解决库派同程的痛点，提升业务运作效率，智仓科技整合 OMS、WMS、TMS 和 BMS 系统，精心打造了一体化综合物流平台。OMS 系统将统一管理线上与线下订单，确保订单流程的高效运转。在库内管理方面，WMS 系统将规范作业流程，利用 RF 技术实现批次管理，智能分配人力与叉车拣货任务，让库内管理更加精准高效。TMS 系统将科学规划运输线路，实现订单线路与司机关联匹配，自动分流订单，提高运输效率。BMS 系统将提供强大的计费引擎，自动生成对账单，为财务工作减轻负担。此外，还将实施系统化的库内与司机绩效管理，实时生成绩效报表，为第三方物流管理提供有力支持。

在此基础上，客户（货主）还可以自行下达出入库任务，查询库存、跟踪订单执行情况和计费账单等信息，享受全方位的无忧物流服务体验。库派同程在全国树立了快消领域云仓配业务模式、管理模式、数字化建设能力的榜样，极大地实现了服务模式和盈利模式与客户的双赢。

未来，智仓科技将坚定不移地追求卓越，致力于打造备受信赖的物流数字化建设领导品牌，对于每个寻求高效率、低成本实现自主商业模式的客户，将运用专业知识和资源，协助其构建可持续发展的可控商业模式。同时，对于有志于打造高效精益的物流生态体系的伙伴，将竭诚提供全方位的支持和合作，共同实现物流实体和物流科技的繁荣发展。智仓科技始终坚守承诺"唯客户信任不可辜负"，为客户提供卓越的服务与支持。在未来的发展道路上，为实现"客户满意、员工满意、社会满意"的目标而不懈努力。

湖南智仓易商科技有限公司　何建锋、朱浩兵

贵州博凯 ｜ "医药物流园+第三方配送"模式的创新

一、企业基本情况

贵州博凯物流园投资有限公司（以下简称"博凯"）注册资金 1 亿元，主要从事现代物流投资及开发。2023 年，博凯医药物流园年吞吐量超过 1000 万件，流通货值接近 200 亿元。下设全资子公司贵州博胜医药仓储物流有限公司（以下简称"博胜"）主要负责博凯医药物流园的园区管理及第三方医药物流的营运业务，现有员工 100 余人，2023 年营业收入为 8700 万元，连续 4 年营收增长率保持在 50% 左右。截至 2023 年年底，博胜接受物流委托客户共计 74 家，其中药品客户 29 家、医疗器械客户 29 家、非药客户 16 家。

（一）园区设施

博凯医药物流园位于贵州双龙航空港经济区航空物流园内，占地 150 余亩，总投资 8.1 亿元，目前是贵州省规模最大的医药物流聚集区，配送范围覆盖全省。其中，现代化的医药仓储物流设施约 26 万平方米（包括楼房库、自动化立体库、智能穿梭车库），拥有标准托盘位 8 万余个，可储存药品 500 万箱，满足每年 200 亿元医药流通业务仓储需求。在项目设计、实施及运营过程中，博凯对国家相关政策进行了深入的研究分析，对行业发展情况进行了广泛调研、总结，并按照工业 4.0 智能物流的标准建设。目前，园区内的物流中心相继投入使用，其中最具特色的 1 号物流中心集合了楼房库、自动化立体库、智能穿梭车库，各个仓库通过自动输送设备进行作业配合，使整个园区能够以最高的效率、最大的限度满足不同类型客户的仓储服务需求。

（二）信息管理

园区搭建的综合仓储管理系统，实现 100% 标准信息系统数据对接，确保和客户实现实时数据对接，客户可实时掌握仓配作业进展情况并展开并行作业，真正实现物流仓储作业的标准化、全流程可视化。物流中心内的各个工作岗位和智能物流系统的业务动作都由各个客户的业务指令自动触发运作，大大提高了客户的时效要求。

（三）服务能力

博胜严格执行《药品经营质量管理规范》（GSP），其医药第三方物流运营模式及管理体系在实际运营中日臻完善，是拥有符合医药质量管理体系要求的现代化医药物流中心。博胜参照国家标准《药品物流服务规范》（GB/T 30335-2023）中的 14 项考核指标，其中 13 项已达到或超过相关标准值，如国家标准要求出库平均差错率为 0.1%，博胜仅为 0.0105%。

二、贵州省医药物流发展情况

2016 年以前，医药流通企业规模普遍偏小，因经营品类不全，医药流通企业之间会产生频繁的多次调拨。按 GSP 要求，各医药流通企业都拥有"小而全"的医药仓，但是由于市场需求配送的碎片化，导致医药流通企业的仓储配送成本高昂。随着"两票制""带量采购"以及对第三方医药配送的审批权放开等政策的叠加和推进，医药流通市场开始发生了重大变化，朝着集约化、规模化的方向发展。越来越多的小型医药流通企业承受市场份额减少和成本增加的双重压力，利润空间进一步受到挤压。总结下来，当前医药流通企业的痛点主要有以下四点。

（1）因相关法律法规的管控，医药流通的合规性成本相对较高于其他行业，特别是一些中小型的医药流通企业会面临比较大的成本压力。

（2）近几年药品招采政策有重大调整，"两票制""带量采购"等政策陆续出台，使医药流通市场处在一个重大的重组时期，市场份额变化、配送频次和路径变化，导致各医药流通企业需要准备多大面积的库房、储备多少物流管理人员等变成严峻的问题。

（3）当前一些取得代储代配资格的中大型医药流通企业，大多是利用自身空闲的仓储空间开展一些代储代配业务，与委托客户存在业务的竞争和冲突，所以很难获得委托客户的认同，尤其担心自己的渠道资源的安全。

（4）贵州省各医药流通企业未能实现聚集，导致医药物流装备落后、医药数据不能实现快速流转、药品调拨频繁、各自配送碎片化严重等。

三、"医药物流园+第三方配送"模式及成效

针对以上的痛点，博凯自 2016 年投建医药物流园起，就着重于探索"医药物流园+第三方配送"模式。

（一）建设专业化的医药物流园区，形成医药商业聚集区

为合作的大型医药连锁零售企业提供"拎包入住"药品配送中心建设及运营指导服务，即根据客户的业务现状及发展预期，为其按现代医药物流中心的规范进行设计、建设、配置现代化的医药物流装备和信息化管理系统，培养专业的医药物流运营团队，通过形成"标杆"客户后，吸附更多的医药流通企业入驻园区，从而形成全省最大的医药物流聚集区，在此基础上通过各种资源要素的整合，从而降本增效、规范管理，提升整个行业的医药流通水平。例如，在新冠疫情期间，博凯医药物流园充分利用了要素资源聚集的优势，在医疗物资的保障方面发挥了出色的作用。

（二）提供专业的第三方医药物流服务，让客户"轻装上阵"，专注于销售业务的拓展

基于模式的特点，博胜放弃了医药商业业务，对委托客户承诺：与客户不存在业务竞争，并签订商业保密协议。经过多年的模式推广和客户培育，打通第三方物流公司的 WMS 与客户 ERP 的数据通道，优化了医药流通供应链的层级，提高了医药配送的效率，最终也为医药流通要素的聚集提供了助益。

截至 2023 年年底，博胜是贵州省唯——家不涉足医药销售、专门从事第三方医药物流业务的企业。经过多年的探索和培育，博凯探索的"医药物流园+第三方配送"模式，切实解决了贵州省医药行业很多现实存在的痛点、难点和堵点，有效实现了医药流通的统仓共配、降本增效，在为医药流通企业创造经济效益的同时，应用现代信息技术，严格执行药品质量管理规范的要求，有效降低了药品流通过程中的质量管控风险，得到了药品监督管理部门的高度认同，实现了多方共赢的局面。在以下方面取得了较好的成效。

1. 物流成本降低明显

首先，在人力成本方面，以 50 余家医药流通企业为例，按照质量管理体系的要求，医药流通企业应按照规定设置收货、验收、库管、养护、出库复核、配送等相关岗位，各岗位人数最低标准要求为 8 人，50 余家医药流通企业自营仓储至少需要 460 人，将物流委托给第三方机构后，仅需要 90 多人即可完成全部作业量，实现了人工成本的节约。

其次，在仓储成本方面，客户采用自营仓储模式，需要按业务峰值设置仓储面积，仓库每年 70% 以上的时间会出现不同程度的闲置，甚至很多客户的业务量都无法满足药监部门最低仓库面积设置的规定。按药品最低 3000 平方米、医疗器械最低 200 平方米进行核算，现有客户需要 9 万平方米以上的仓库，而博胜 1 号物流中心的 6.2 万平方米，既满足 50 余家医药客户的 GSP 规范要求，还有约 40% 的规模可以承担其他非药客户的仓储业务。不仅可以为医药客户未来业务的发展提供弹性的仓储空间，还可以用高规格仓储设施吸引非药客户填补闲置仓库，进一步降低均摊仓储成本，以实现资产效率最大化。据测算，2023 年通过第三方委托物流服务，采用统仓共配的方式有效降低了客户仓储物流成本费用的 43%~68%。

2. 物流运行效率大幅提升

博胜应用了规范化管理手段，通过电子数据传输系统，提高信息传递效率，实现仓储管理系统与客户 ERP 系统之间的数据实时精准化推送，特别是药品验收环节可实时查验商品相关产品质量信息文件，解决了质量信息文件没有及时送达导致无法验收入库的问题。通过完备的现代物流设施设备与 WCS（仓储控制系统）、WMS（仓储管理系统）的高效配合，相较于传统的医药流通企业仓库，博凯医药物流园区的作业效率提高了 3~5 倍，并能保持足够的储备、作业能力。

3. 减少调拨次数，有效防范质量安全风险

医药流通企业之间的货物调拨情况时有发生，针对这种情况，选用同一家第三方物流公司的客户之间的货物调拨不需要实际物理上的再次转运。按照相关作业规范，在库内即可完成客户之间货物收发作业，不仅降低了再次周转运输环节所产生的成本，极大提高了效率，还能有效避免多次转运可能出现的药品质量安全风险，尤其在药监部门重点管控的冷链运输

的药品方面，效果更为明显。

4. 探索发展物流金融业务

为解决医药流通企业融资难、融资贵的问题，博胜探索发展药品流通供应链金融业务。由于采用全流程可视化和标准化的物流服务，合作金融机构可以针对客户在库药品进行估价或根据货物价值授信，从而盘活在库药品的资金价值。这既能为客户解决在库商品抵押贷款困难的问题，又能解决金融机构对库存商品监管难的问题，实现多方共赢。

5. 促进行业高质量发展

由于市场竞争加剧、整合强度越来越高，中小型医药流通企业的生存空间越来越小，许多中小型医药流通企业将更多的资金和精力都放在业务的拓展上，从而导致了仓储设施投入不足、物流方面的合规性成本较高，疲于应对监管部门的检查，容易造成质量问题。通过第三方委托的方式，充分发挥统仓共配的规模效应，可在较低的医药物流成本的基础上，规范药品质量管理，同时也降低了药监部门的监管压力，有效避免低水平重复建设。通过上下游之间统一化管理、标准化作业、集约化发展、规范化运营，加快了医药流通行业结构调整及重组升级的步伐。

6. 具备应急物资（医药）储备保障能力

通过几年的发展，博凯医药物流园已成为全省最大的药品和器械聚集地，整合了医药流通的各种要素资源的聚集。在2022年贵阳市新冠疫情最严重的时期，博胜勇于担当社会责任，园区每天要发送10万件防疫物资，仅药品和医疗器械的品规就有2万多个，其中疫情防控医药物资有上百种，用量大且急。由于经过了日常业务开展以及专门的应急演练，园区的工作人员，无论是行政、内勤部门，还是质量、信息部门的工作人员，都能熟练地掌握整个操作技术，在园区负责人的带领下，出色地完成了新冠疫情期间医疗物资的保障工作。基于出色的成果，2023年年初，贵州省应急物资（医药）储备保障中心（一期）项目落户在博凯医药物流园，2023年年底完成验收，2024年具备了投入使用的条件。

四、成功案例成效比较

（一）案例一：大型医药连锁企业入驻园区的成效

某大型医药连锁企业的年销售额规模在20亿元左右，近几年其连锁经营规模发展速度较快。入驻园区前，其医药配送中心的规模、设施设备已跟不上其连锁门店扩张的速度，在现代化医药仓储、配送方面也缺乏管理体系和专业团队的支撑，导致其拣选效率、订单响应、库存周转等指标都不好。后与博凯达成合作协议，由博凯根据其现有规模和发展速度，为其量身打造现代化的医药配送中心，在设施设备、团队培养、体系建设等提供全方位的服务，目前已入驻博凯医药物流园2#物流中心，完全达到了覆盖全省1000余家连锁门店的分拣配送的需求。一方面拆撤了之前的各市州的二级配送节点，节约了大量的物流支出和管理成本；另一方面在配送中心库的节约效果也十分明显，通过采用现代物流装备和信息化管理，以及实施共同配送，使物流总成本降低了34.9%，同时医药物流的效能得到了极大的提高，管理也更加规范。

表 1　企业入驻前后的物流成本对比

	入驻园区前	入驻园区后	对比
物流费用合计（万元）	2892	1881.6	降低 34.9%
仓储费用（万元）	2172	1233.6	降低 43.2%
运输费用（万元）	720	648	降低 10.0%

（二）案例二：小型医药批发企业委托代储代配取得的成效

某小型医药批发企业在委托前，其年销售额规模在 0.3 亿~1 亿元，自营的医药物流中心运营成本高、竞争力不强，同时其规模较小，制约了发展的速度。在委托后，该企业专注于业务渠道的拓展、经营品种的丰富，到 2023 年，其年销售额规模突破了 2 亿元，并且库存周转次数提高到 12.25 次，远大于物流行业正常参考值 3 次；物流费用率从原来的 2% 降低至 0.82%，低于同行业平均值 1.5%，说明企业的存货的占用水平较低、流动性强，存货转换为现金或应收账款的速度快，可以提高企业的变现能力；从博胜提供的医药仓储物流服务的 14 个服务指标来看，有 13 个超过国家标准和行业平均水平，取得了质和量的较大提升。

表 2　企业委托前后的物流成本对比

	委托前	委托后	对比
物流费用合计（万元）	124.02	60.98	降低 50.8%
仓储费用（万元）	96.72	36.41	降低 62.4%
运输费用（万元）	27.30	24.57	降低 10.0%

五、未来发展设想

博凯医药物流园定位为贵州省内综合的商品集散中心，除医药商品外，还为省内高附加值和其他普通商品的全省及全国分拨转运服务，按照发展规划，将以下四个方面进行拓展。

一是探索新业务、新市场、新领域。打造成第三方现代化综合商品集散物流园，拓展酱香白酒、烟草、日用消费品等品类的仓储配送业务，并通过与中国邮政、顺丰等国内知名企业强强联合，实现信息、资源共享，促进社会物流资源整合和综合利用，提高物流整体效率。

二是创新运输组织模式，实现集约化发展。充分发挥信息系统优势，对园区的客户数据进行汇总分析，制定合理运输路线，采用合理运输方式，组织共同配送、货物配载，降低车辆空驶率，减少迂回运输等。在减少能源消耗、废气排放量和噪声污染等方面做示范，促进可持续发展。

三是做大规模，打造仓配一站式服务。按照建成新兴的仓配一体化第三方物流企业，做好服务、做大市场，进一步扩大仓储规模，拟投资 12 亿元新增标准化仓储设施 40 万平方米，通过规模化效应提升降本增效能力，探索标准化、现代化仓储物流设施共享新模式，推动仓储物流领域集约化、规模化发展。

四是探索创新供应链金融服务新模式。在贵阳市人民政府的支持和引导下，目前博胜正与贵阳银行、贵阳农商银行等金融机构积极对接，探索创新存货质押融资、应收账款质押融资、国内保理、保证贷款、政帮贷、中小企业信贷通等方面供应链金融服务新模式，为园区客户解决融资难、融资贵的问题。

贵州博凯物流园投资有限公司总经理　佘华

普田物流 | 汽车供应链一体化解决方案

一、企业基本情况

北京普田物流有限公司是一家以汽车物流为主的全国 5A 级物流企业，自 1996 年伴随福田汽车集团共同成长，注册资本 8000 万元，员工 3000 余人，年营业额近 20 亿元。公司以北京为管理中心，分别在北京、山东、湖南、广东、河南等地设立 7 个分公司，并下设 25 个市场部，运营网络遍布全国。

普田物流始终坚持科技创新、智慧物流，形成了整车物流、生产物流、市场供应链三大核心业务，紧密服务于中国商用车品牌福田汽车集团的业务发展，同时为比亚迪、华晨鑫源、江淮汽车等多家车企提供物流服务，服务内容涵盖供应物流、生产物流、整车物流等汽车全价值链物流服务，成为国内领先的商用车全价值链物流服务企业。

二、汽车物流发展的现状与问题

汽车物流是物流行业的重要细分领域，以汽车及相关产品为服务对象，其复杂程度极高，集运输、仓储、装卸搬运、包装、流通加工、配送以及物流信息于一体的综合性业务。汽车物流涵盖了汽车供应链的原材料、零部件、整车以及售后配件在供产销各个环节之间的实体流动。

与汽车产业链相对应，汽车物流包括上游的供应物流、中游的生产物流、下游的销售物流三个主要环节。

供应物流（入厂物流）：汽车生产用零部件，从供应商到主机厂的流动过程。

生产物流（厂内物流）：零部件从 VMI 或 RDC 到生产线的流动过程。

销售物流（整车物流）：商用车从主机厂到经销商的流动过程。

（一）汽车物流的发展现状

目前我国已形成六大汽车生产基地的格局，包括以长春为中心的东北基地，以北京、天津为中心的华北基地，以上海为中心的华东基地，以武汉为中心的华中基地，以广州为中心的华南基地，以成都、重庆为中心的西南基地。汽车生产基地的集中与消费市场的分散带来了巨大的物流需求。

汽车物流的服务对象主要是汽车制造业，包括整车生产厂、零部件生产厂。汽车物流公司/分公司多是围绕汽车产业布局。

近年来，我国汽车产业面临较大的下行压力，汽车市场持续走低促使汽车销售端发生变革、低成本、分散式、"线上+线下融合模式"逐渐显现，汽车物流行业面临业务结构调整、服务转型升级的新需求。

表1　我国六大汽车生产基地分布

长春圈	覆盖吉林、黑龙江、辽宁
京津圈	覆盖北京、天津、河北
上海圈	覆盖上海、江苏、浙江
武汉圈	覆盖湖北、湖南
重庆圈	覆盖四川、重庆
广州圈	覆盖广东、广西、福建

汽车物流各业务环节的市场化程度有所不同。供应物流多为"供应商自供+第三方物流公司"的模式；生产物流为"自营为主，外包为辅"的模式；销售物流推行"外协资源为主、自建运力为辅"的模式。目前，销售物流运营已经全面市场化，供应物流属于主机厂推动下的半市场化，生产物流基本处于主机厂掌控、作业环节外包的阶段。这是制造业物流的普遍特征。

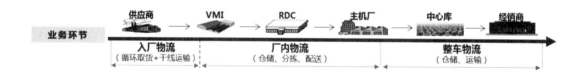

图1　汽车物流业务流程图

（二）汽车物流存在的问题

在整车物流中，主机厂处于供应链的核心地位，由于整车物流是以终端市场需求为导向的，所以消费需求不容易控制，需要重点解决时效性的问题。为了满足不断变化的市场需求，不错失任何一个销售机会，主机厂一方面开展营销模式创新，搭建从需求线索、订单下达、整车交付的闭环管理体系，另一方面要求物流企业提供高质量、低成本、高时效的物流服务。

根据分类，整车分为乘用车、商用车。商用车物流与普货物流、乘用车物流均存在诸多差异，需要根据商用车的外廓尺寸、质量参数、动力类型，采取适当的运输模式、运输工具。为了应对市场变化，主机厂必然更加重视对采购、制造、质量等环节的掌控，最大限度地降低供应链风险，以便集中精力研发产品、开拓市场。

汽车零部件物流，包括供应物流、生产物流，是汽车供应链上的重要环节，覆盖了从供应商下线到主机厂上线的全过程，具有极高的复杂性和协调难度，被公认为最复杂、最难解决的物流，其管理难点主要表现在以下四点。

（1）汽车零部件种类繁多，一辆车由成千上万个零部件组成。每个主机厂都有数目庞大的零部件供应商群体，构成了多级、多对一的复杂供应链体系。

（2）客户需求日趋个性化，车型配置更加复杂，订单式生产对于零部件物流的要求越来越高，既要满足准时准确的零部件配送要求，还要求按照车辆生产顺序进行准确配送。与此同时，多级配载和多次装卸容易导致零部件的质量衰减。

（3）主机厂既要降低整车库存，也要降低生产线边的库存，并且要保证不缺件停线，还要考虑供应商库存的控制。近年来，零部件供应链断链、交付周期延长等系列问题频出，生产订单出现较大波动和不确定性。

（4）仓储配送过程中存在大量人工作业，急需通过标准化、自动化、智能化手段，提高效率和准确性，降低成本和劳动强度。

在汽车供应链中，开展高质量、低成本、高时效的供应链一体化物流成为当务之急。

三、普田物流供应链一体化解决方案

作为专业的汽车物流综合服务商，普田物流拥有一支百余人的物流规划咨询及设计团队，具备包装设计、仓储布局规划、运输线路规划、流程设计、信息系统设计等整体物流规划能力，打造"供应物流—生产物流—整车物流"的一体化物流服务体系，通过先进的物流模式、物流信息系统、自动化物流设备，为客户提供高质量的物流服务。

伴随福田集团的发展，普田物流先后为福田欧曼重卡工厂、欧马可超卡工厂、奥铃超卡工厂、时代工厂、多功能工厂、客车工厂、新能源汽车厂提供整体物流解决方案；配合福田集团产品区位调整，为多个工厂提供物流系统规划设计和运作。同时，为比亚迪、华晨鑫源等客户提供零部件物流、整车物流等规划方案，并指导平稳实施。

（一）供应链物流模式

1. 零部件物流模式（供应物流+生产物流）

零部件供应链物流覆盖从供应商端到工厂生产线边端的物流过程，包括供应物流和生产物流，涵盖零部件物流运输（含集货/取货）、VMI库仓储及配送、RDC仓储及配送三个环节，主要有以下四种物流模式。

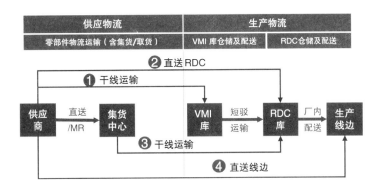

图 2　零部件供应链物流一体化模型

（1）远程普通件采取"供应商→VMI库→厂内RDC/暂存区→生产线边"的物流模式。

（2）本地普通件采取"供应商→厂内RDC/暂存区→生产线边"的物流模式。

（3）小件采取"循环取货/集货+运输+配送"模式。

（4）大件采取"直上工位"模式。

2. 整车物流模式

乘用车的产品外形尺寸差异不大，公路运输主要是零公里运输，公铁联运、公水联运也相对标准化。

商用车具有产品门类广、外形尺寸差异大，以及厢式车、自卸车、专用车等结构复杂等特征，其运输模式包括人工驾送、零公里运输、多式联运。而且，商用车本身就是运输工具，基于节能减排、降本增效的要求，在严格制定工艺规范、限定应用场景的情况下，可以采取卡车背载、板车运输、板架箱运输等不同于乘用车的运输模式。

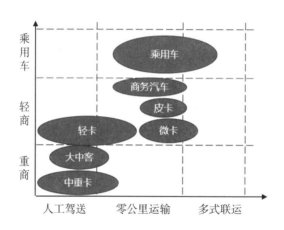

图3 商用车和乘用车的运输模式

3. 零部件循环包装模式

在汽车行业里，主机厂一般负责车身制造和总成安装，几乎所有的零部件都是依靠供应商生产，因此会产生大量的零部件物流运输。在中国汽车行业的早期阶段，零部件供应商主要是采用"纸箱+托盘"的运输方式，包装材料基本是一次性使用，造成了极大的资源浪费。

包装是零部件物流的基础，贯穿于供应物流、生产物流全过程。近年来，绿色环保可持续发展的理念越来越深入人心。为降低包装成本、推动标准化作业、提升作业效率，普田物流对零部件循环包装模式进行研究，推进全供应链体系内可循环包装器具替换一次性包装，为供应链物流一体化标准化作业提供便利的基础。

循环包装类型：可循环使用的包装器具，专为多次行程和延长使用寿命而设计。通常，用于制造可回收包装的材料包括钢材、木材、聚丙烯片或其他塑料材料。常用循环包装类型有塑料围板箱、木制围板箱、卡板箱、可折叠金属箱、可折叠物料架。

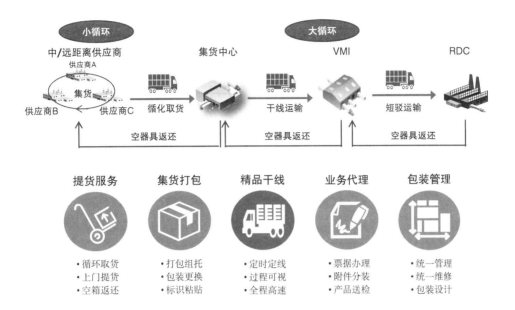

图 4　循环包装在供应链物流一体化中的应用

图 5　常用循环包装类型

　　循环包装流程设计：供应商接收主机厂订单后，向包装管理中心下达空箱需求订单，包装管理中心将空箱发运至供应商，供应商将零部件成品装箱发运至主机厂属地 VMI 库房存储，物流公司根据主机厂生产计划将零部件转运至厂内 RDC 库房，RDC 根据生产计划将零部件配送至主机厂线边，并将线边空箱回收至包装管理中心库房，包装管理中心对空箱进行折叠、整理并打包存放，根据供应商空箱需求订单，安排车辆将空箱返回至供应商，完成一个循环周期。

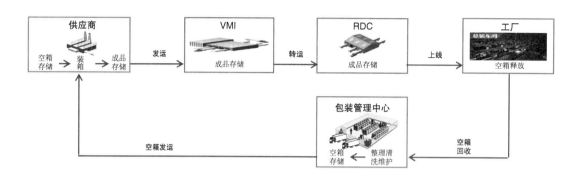

图 6　循环包装周转流程

循环包装项目实施：以北汽福田山东多功能汽车厂商务汽车的配套零部件——散热器为切入点，设计并投入循环包装（围板箱及可循环内衬），替代原有的一次性包装（纸箱及EPS泡沫内衬），取得了较好的进展。

散热器循环包装设计：针对商务汽车三种不同规格的配套散热器产品设计包装方案，以塑料围板箱作为包装外箱，以 PP 中空板和 EVA 发泡材料作为包装内衬，进行零部件定位及防护。

表 2　散热器包装方案

项目	蒙派克散热器	风景 G9 散热器	风景 G7 散热器
包装方案图示			
收容数（SNP）	12 件	8 件	8 件
包装外尺寸（mm）	1200×1000×940	1200×1000×900	1200×800×900
包装内尺寸（mm）	1130×930×760	1130×930×720	1130×730×720
零件尺寸（mm）	651×128×750	721×178×700	606×174×700
包装箱承载（kg）	300		
装车回收比例	空箱 1：4／带内衬 1：2.5		
箱体材料	HDPE（底托、盖子）、10mmPP 蜂窝板（围板）		
内衬材料	PP 中空板+EVA 发泡材料		

其他项目的循环包装示例：散热器循环包装项目实施后，在降低包装成本、提升作业效率、改善作业环境等方面均取得了较好的成效。立足于环保、低成本、可靠的理念，普田物流在鼓风机、暖风机、车门内饰板、空气干燥器等零部件物流中进一步推行可循环包装。

图 7　散热器循环包装

a. 鼓风机包装　　　　　　　　　　　　　　　b. 暖风机包装

c. 车门内饰板包装　　　　　　　　　　　　　d. 空气干燥器包装

图 8　部分循环包装案例

4. 物流模式创新（整车物流）

商用车（包括卡车和客车）作为交通运输工具，其物流模式有其自身的特点。在物流行业逐步规范的今天，寻求一种运输效率高、节能环保、安全可靠的运输方式是当前亟待解决的问题。

因商用车产品的特点，虽然其在发运模式、装载工艺等方面与乘用车物流存在较大差异，但是不能削足适履、强求统一。多元化的运输方式有利于提升物流效率、降低运输成本。其基础运输方式为人工驾送（单开、背车），升级运输方式为零公里运输（轿运车、板车）。对不便于中途补能的新能源汽车，倾向于采取零公里运输；对不便于配载的厢式车、冷藏车、专用作业车，倾向于采取人工驾送。

（1）重卡零公里试点

重卡常规模式为人工驾送。为了应对驾送司机紧缺的问题，以及提升运输质量，普田物流开展了重卡零公里运输模式的探索。

普田物流与改装车企业合作，设计符合国家标准《汽车、挂车及汽车列车外廓尺寸、轴荷及质量限值》（GB 1589-2016）的中置轴托运板，研发车辆长度为 22 米，装载后高度在 4.5 米以内，装载后总装重量在 49 吨以内，采取商用车自行爬装方式，可装载 3 台商用车，可以通过液压装置调整车辆装载状态，提高装载通过性。

图 9 重卡零公里运输

（2）轻卡、轻客零公里比例提升

轻卡、轻客、皮卡等轻型商用车的运输方式主要是人工驾送和零公里板车。为进一步提升运输质量和运输效率，在行业普遍采用承运商外包模式的情况下，普田物流投入重金，购置中置轴轿运车 300 辆（欧曼牵引车+中置轴挂车），充实自有运力。未来三年将继续购置中置轴轿运车，建成一支拥有 1000 辆中置轴轿运车的自有车队，提升自营能力，继续引领商用车物流行业发展。

图 10 轻型商用车零公里运输

（3）商用车多式联运

铁路、水路运输具有大批量、长距离、低成本、节能环保等优势，近几年在汽车物流领域获得了长足发展。

商品汽车的铁路运输的货车车厢分为两类：一是双层商品汽车的运输专用车，可满足轿车的运输，也可满足皮卡的装载和运输；二是 JSQ5、JSQ6 改型商品汽车的运输专用车，适合装载轻卡、微卡、轻客，其中轻卡、微卡采用平装及背车方式进行装载，轻客采用平装方式。此外，D22A、D6、D70、JNA1 型大平车适合运输中重卡、中客、大客。

水路运输，包括内河运输、近海运输和远洋运输。近几年各大船运公司加大滚装船投资，在汽车物流方面进步巨大，但主要是乘用车的运输，商用车的运输业务量有待提高。

图 11   重卡的铁路运输

四、一体化供应链方案创造的价值

在汽车供应链物流一体化运行中，核心客户（主机厂）将全价值链物流业务外包给专业物流公司普田物流承担，从而集中精力做好研发、制造、营销等核心业务。

普田物流对主机厂供产销全流程的零部件、商用车在数量、时间、空间方面进行统筹优化，在正确的时间、正确的地点，以准确的数量、符合要求的质量、合理的价格进行交付，创造时间价值、空间价值。

在长期合作的基础上，普田物流牢固树立联动、双赢的理念，将"为成就客户价值提供一体化物流解决方案"的使命、"成为科技与品质领先的数字化汽车物流企业"的愿景，落实在各业务板块和日常运营中，打通供应物流、生产物流、整车物流的全流程节点，通过模式创新、技术应用、数字化和智能化手段，推动汽车供应链物流一体化优化，提升整个供应链系统运营效率，实现高质量、低成本、高效率、规范运营，为经济高质量发展作出更大贡献。

北京普田物流有限公司   杨天清

国家电网 | **以产业链供应链高质量发展为引领，推动现代物流数智化升级**

一、企业概况

国家电网有限公司（以下简称"国家电网"）成立于 2002 年 12 月 29 日，是根据《中华人民共和国公司法》设立的中央直接管理的国有独资公司，注册资本 8295 亿元，以投资建设运营电网为核心业务，是关系国家能源安全和国民经济命脉的特大型国有重点骨干企业。

国家电网经营区域覆盖我国 26 个省（自治区、直辖市），供电范围占国土面积的 88%，供电人口超过 11 亿。20 多年来，国家电网保持全球特大型电网最长安全纪录，建成 35 项特高压输电工程，成为世界上输电能力最强、新能源并网规模最大的电网，专利拥有量持续排名央企第一。国家电网位列 2023 年《财富》世界 500 强第 3 位，连续 19 年获国务院国资委业绩考核 A 级，连续 11 年获标准普尔、穆迪、惠誉三大国际评级机构国家主权级信用评级（标准普尔 A+、穆迪 A1、惠誉 A+），连续 8 年获中国 500 最具价值品牌第一名，连续 6 年位居全球公用事业品牌 50 强榜首，是全球最大的公用事业企业，也是具有行业引领力和国际影响力的创新型企业。

二、案例介绍

（一）项目建设背景

党的二十大在加快规划建设新型能源体系、加快发展数字经济、加快发展绿色转型、着力提升产业链供应链韧性和安全水平、创新驱动发展等方面做出一系列战略部署，对能源电力产业链供应链高质量发展提出更明确的要求。在国务院办公厅印发的《"十四五"现代物流发展规划》中，提出"到 2025 年，基本建成供需适配、内外联通、安全高效、智慧绿色的现代物流体系"。因此，促进能源电力全产业链供应链绿色低碳、数字智能转型，是支撑数智化坚强电网建设与运营，打造能源电力产业生态圈，推动产业链供应链高质量协同发展的必然要求。

作为中央直接管理的国有独资公司，作为党和国家信赖依靠的"大国重器"和"顶梁柱"，国家电网全面落实党中央、国务院关于供应链发展的战略部署，开展绿色现代数智供应链建设,加快推动构建能源电力现代物流体系,升级绿色数智仓储,全面提升供应链流通效率,促进供应链上下游企业协同发展,打造内外部共生共赢的价值链,支撑数智化坚强电网建设与运营。

（二）主要做法

国家电网现代物流体系（如图 1 所示）是指为支撑数智化坚强电网建设与运营,以绿色现代数智供应链建设为统领,以物资专业运营服务化转型为导向,聚焦物资供应全过程,依托电力物流服务平台 ELP,涵盖仓储、配送、应急、废旧等业务,推进实物信息共享共用,提高物力资源流通效率,压降实物存量,为加快建设具有中国特色国际领先的能源互联网企业提供优质高效的供应链服务的现代物流体系。

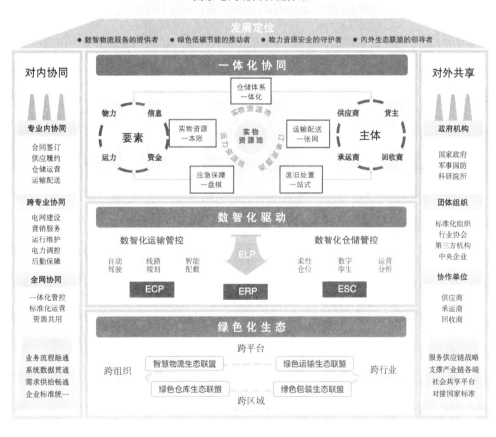

图 1　国家电网现代物流体系

国家电网现代物流体系以"一体化协同、数智化驱动、绿色化生态"为核心,以一体化协同贯通生产制造、仓储运作、实物调配、运输流通、废旧处置等环节,以数智化驱动信息采集、业务办理、现场作业、运营管理,以绿色化生态建立绿色仓储、绿色运输、绿色处置生态联盟,全链条保障物资精准供应、全要素支撑数智化坚强电网建设与运营、全场景服务公司高质量发展、全方位提升产业链供应链安全稳定。

1. 一体化协同

仓储体系一体化。国家电网按照效能最优目标，形成"国网应急库—省周转库—市县终端库+专业仓"的仓储网络架构（如图2所示），打破仓储管理的行政区域壁垒，全网"一盘棋"指挥，省域统筹调配，市县一体运作，实现工程建设与物资保障一体化。建立数字型、自动型、智能型"三型"数智仓库建设标准（如图3所示），递进式升级改造，通过完善数字型仓库标签体系，推进自动型仓库关键环节"机械代人"，推动智能型仓库智慧运营，实现仓库基础设施更加完善，仓储作业更加便捷，业务合规精益水平持续提升。

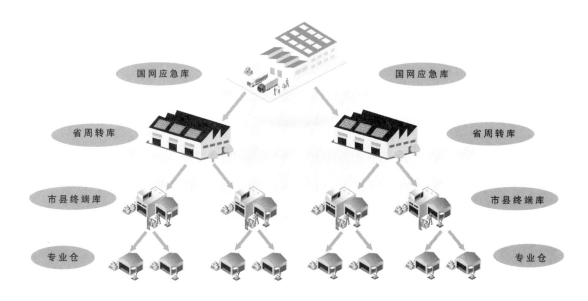

图 2　国家电网仓储网络架构

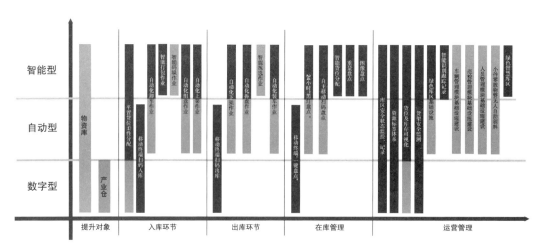

注：■表示必选配置　■表示可选配置

图 3　国家电网"三型"数智仓库建设标准

运输配送一张网。紧密围绕提升供应效率与用户体验，统筹运力资源，开展物流网络重塑、业务流程规范与配套制度建设，强化数据决策与技术应用，搭建我国首个面向电力行业的 B2B 物流公共服务平台——电力物流服务平台 ELP（如图 4 所示），以物流业务在线协同为手段，发挥供需衔接、资源调配等中枢作用，全面监控"厂到站"一程运输过程，全面支撑"库到库、库到仓、库到现场"二程集中配送，构建供应商运输交付、第三方物流或自有运力转储配送物流模式，实现生产制造、物资运输配送、工程建设一体化，促进运输配送业务创新升级，有效提升物流效率，降低社会综合物流成本，为供电安全性、可靠性提供物资保障。

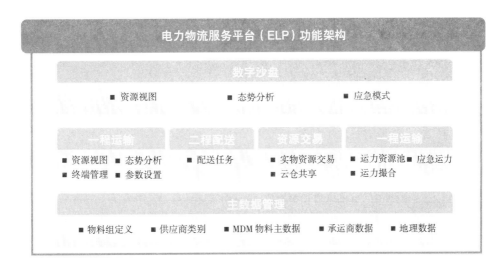

图 4　国家电网电力物流服务平台 ELP 功能架构

实物资源一本账。国家电网通过实时汇集共享公司内部实物资源、协议库存资源、合同订单资源、公司外部供应商库存资源，构建"分散储备、信息集中"的全量实物数字资源池，形成县、市、省、总部四级利库资源池（如图 5 所示），构建全网资源"一盘棋"格局，实现全量实物资源管理一体化，精准支撑供应需求，有效提升供应链资源配置效率和水平。推进电网资产统一身份编码实物 ID 建设，精准归集资产全供应链全生命周期关键信息，实现基于"一物一码"的资产全供应链全生命周期管理。

拓展案例：高效协同保障四川抗震救灾物资供应

2022 年，四川省甘孜藏族自治州泸定县发生 6.8 级地震，造成四川电网 500 千伏石棉变电站 3 台主变压器受损，5 座 110 千伏变电站、4 座 35 千伏变电站停运，多条线路跳闸，约 4 万名用户用电受到影响。国家电网充分发挥仓储一体化、配送一张网、实物一本账，迅速开展库存资源智能匹配，第一时间将物资运输配送至抢险救灾现场。震后 5 小时，在四川省甘孜藏族自治州泸定县磨西镇贡嘎广场临时安置点点亮了震中区域的第一盏灯。光明照亮救援之路，坚强可靠的物资供应为抗震救灾抢修工作提供了有力支撑。

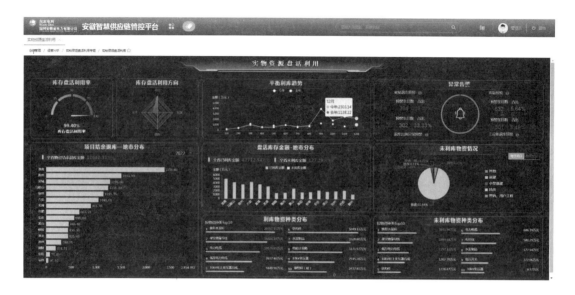

图 5 国家电网实物资源盘活利用

2. 数智化驱动

创新数智化设备。国家电网通过应用自动化、无人化、智慧化技术装备以及自动感知、自动控制、智慧决策等智慧管理技术，自主研发覆盖入库、在库、出库、配送等环节共 41 款机器人（如图 6 所示），实现作业机械代人、过程数字可视、管理规范精益、运转智能绿色，为绿色现代数智供应链高效运营提供坚强的仓储支撑保障。应用桁架机器人、自装卸 AGV、智能拆码垛机械手（如图 7 所示）、输送机、堆垛机、四向穿梭车（如图 8 所示）等设备，实现自动装卸、组盘和存储；应用自动导引车、提升机、智能线缆分切机（如图 9 所示）、智能装卸车行吊等设备，实现自动分拣、搬运、分切和装车；应用智能盘点机器人、智能盘点车、旋翼无人机（如图 10 所示）等设备，实现移动盘点、"一键盘点"和"黑灯盘点"。

分类	检储配一体化协同作业										
	检测			仓储				配送			
	下架拣选	搬运	检测	卸货	上架存储	盘点	拆零存储	出库下架	拣选	打包	装车出库
单体裸装/木箱包装类托盘物资											
长杆件物资											
小件物资											
小型线缆物资											
超大件物资											

图 6 国家电网检储配一体化协同作业机器人

图7　智能拆码垛机械手

图8　四向穿梭车

图9　智能线缆分切机

图10　旋翼无人机

开展数智化运营。国家电网通过贯通多源业务系统，综合 IoT 物联感知、视觉转换、数字孪生等前沿技术以及自动感知、自动控制、智慧决策等智慧管理技术，打造智慧园区管理平台（如图11所示），通过指令远程下达、操作自动执行、过程数字可视、管理规范精益、运转绿色数智，实现仓库物资、设备、业务全程"在线"，作业进度、库存位置等状态实时"在控"；打造仓储监控预警平台（如图12所示），开展仓储业务合规类与效能类风险自动识别、预警自动推送、分级处理，实现在库物资数量、账目、定位等永续"在盘"。

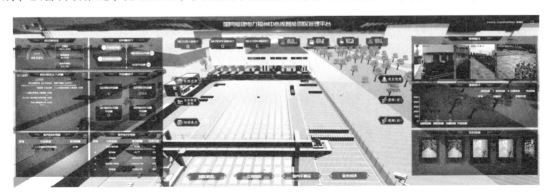

图11　国家电网智慧园区管理平台

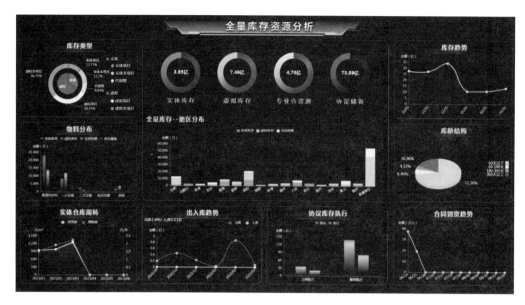

图 12　国家电网仓储监控预警平台

实施数智化配送。国家电网以效率、效益、效能最大化为目标，搭建协同高效的电力物流服务平台 ELP（如图 13 所示），基于数据共享、资源统筹、互联互通的智慧物流新型基础设施，同步接入社会公共服务平台货源，打通链上物资、物流数据及业务关联堵点及断点，汇聚 695 家承运商构建行业级物力资源池；应用信息感知、采集等物联技术和装置，提供线路规划、智能配载、运力撮合和逆向物流等服务，自动生成多模式互补的物流配送解决方案，实现运输过程的自动化和智能化管理。

图 13　国家电网电力物流服务平台 ELP 联程配载实例

> **拓展案例：国家电网数智仓储示范基地**
>
> 　　2021年10月，国网山东省电力公司打破现有机器人零散应用的格局，打造"5智"41款供应链机器人集群，涵盖智慧评标、智慧结算、智慧检测、智慧仓储、智慧物流全业务链条，依托新技术形成新手段，固化规范管理流程，提升供应链全链效率和效益。其中"智享仓储"攻克动态过程建模、控制等多项行业难题，研发多关节装卸机器人、堆场"魔方"机器人等多款电力能源行业领域首台首套应用，助力仓库实现数字服务、智慧运营。首创集成控制"洛书"系统，实时接收国家电网物资业务系统指令，实现作业任务全时段自主感知、数字员工多场景智能协同、资源全体量优化配置、装备全天候状态监控、风险实时预警分析，深入推动供应链全要素数字化、全流程自动化、全场景无人化，加快推进"产业数字化"。

　　3. 绿色化生态

　　建设绿色零碳仓库。国家电网秉持绿色设计理念建设改造仓库，通过采取节能建筑、智慧建筑、雨水回收、立体绿化等技术，最大限度地节约资源、保护环境和减少污染；利用本地可再生能源，建设屋顶分布式光伏，建设清洁能源发电、储能、消纳系统，构建零碳电力微网；配置电动子母穿梭车、氢能叉车等绿色环保设备，实现仓储作业100%绿色替代；构建能源监测系统（如图14所示），将能源生产、储存、输配和消耗全过程数字化；通过仓库节能与碳中和智能管理系统（如图15所示），合理分配园区能源消耗，实现能源智慧运行管理。

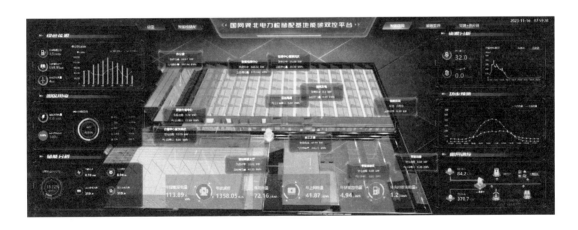

图14　国家电网能源监测系统

　　引领配送绿色发展。国家电网应用新能源货车（如图16所示）开展距离近、体积小、频率高的电力物资主动配送，采用无人机开展输电线路施工、检修和应急需求配送，充分发挥绿色运输工具经济实用、绿色环保优势；整合节能、减排、固碳、碳汇等措施，建立电力物流碳排放量计算模型，开发电力物流碳排放能效智能监测功能，精准刻画碳排放及节能增效水平；智能分析配送位置、物资、时间等要素，通过车辆装载优化、路径优化，对多项配送需求进行自动拆合单，推进联程配载，提高车辆利用率；大力推进逆向物流、就近匹配退库、回库等配送需求，高效利用返程空车运力，减少车辆空驶空载，促进运力资源共享共用，降低社会物流综合成本。

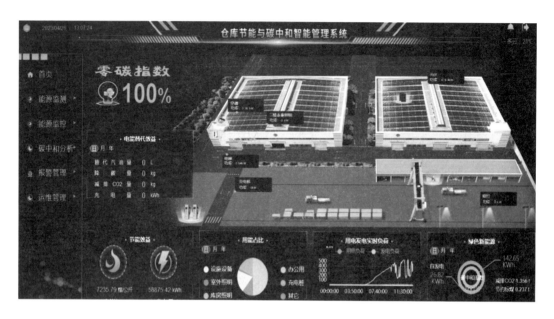

图 15   国家电网仓库节能与碳中和智能管理系统

图 16   国家电网新能源货车配送场景

推广绿色周转容器。针对电力物资存在包装种类多、规格形式不统一、周转运输不方便、产品结构复杂等情况，国家电网选取三种典型物资进行包装改造。应用"钢+铝合金"材质的可循环电缆盘（如图17所示），替代传统的一次性铁木轴盘，减少盘具制造的碳排放，创新盘具共享租赁使用新模式；应用可折叠仓储笼（如图18所示），代替传统的托盘包装，灵活改变仓储笼形状，提高车辆装载率；应用新材料容器替代蛇皮袋、木箱等传统包装，节约木材资源，提高物资存储配送的安全性，实现物流容器的循环利用，减少环境污染和资源浪费。

图 17　可循环电缆盘

图 18　可折叠仓储笼

拓展案例：国家电网绿色数智配送管理

2023 年 12 月 8 日，国网浙江省电力有限公司物资分公司收到国网台州市路桥区供电公司 82 箱电能表和国网临海市供电公司 115 箱采集器的配送需求，以及国网台州供电公司 104 箱返修表回库需求，要求在当天完成。通过 ELP 系统智能分析启发地、目的地、时限要求，结合新能源货车续航里程、充电桩网络等要素，采用新能源货车串点配送方式，最终仅用 1 台车耗时 8 小时，通过"一装二卸再装"完成全部配送任务，保障物资安全、绿色、经济、高效配送。自 2023 年 10 月试点绿色配送以来，国网浙江省电力有限公司物资分公司累计应用新能源货车配送营销表计类物资 8479 箱，配送里程约 12466 公里，减排 4.075 吨，按照货车 15 年报废测算，预计单台车可减少碳排放 1506 吨。

三、主要创新与成效

国家电网通过构建"一体化协同、数智化驱动、绿色化生态"现代物流体系，实现电力物流生态圈协同数智绿色发展新局面，支撑数智化坚强电网建设与运营，服务产业链供应链高质量发展。

对内提质增效。有效整合全网仓库资源，已培育 44 个绿色仓库、22 个零碳仓库，预计全年发电量 2189.22 万千瓦时，100%提供仓储设备及办公用电清洁能源；应用数字机器人，实现仓储配送各环节无人化、自动化作业，作业效率可提高 140%；采用仓储智能管理系统，实现实物资源盘活利用，库容利用率提高 30%；对接社会物流企业，配送网络覆盖 7566 家长期合作供应商、27 个省级电网公司的仓库及电网工程项目现场，保障了 8500 台/次电力大件设备的安全运输，监控里程超 2236.19 万公里；建成物流低碳网络，绿色容器周转超 7000 万次/年，绿色配送达 68.07 万公里/年。

对外引领发展。发挥产业链供应链"链主"作用，建设物流服务管理标准、平台安全运营标准，先后发布实施"电力物流服务平台应用规程"系列标准，加强标准成果开放共享与市场供给；构建 4 个维度、22 个方面国家电网现代物流绩效指标体系，以物流配送、仓储周转的"指导性指标"和"评价性指标"引领电力物流生态圈服务水平提档升级；打造供应链"全绿""深绿"生态，推动供应链全环节节能降碳，扩展供应链上下游各级企业能耗与碳排放数据接入，拓展碳排放核算、产品碳足迹核算、碳交易、绿色金融等服务，助力供应链链上企业碳排放监管措施落实，推广绿色物流和回收，引导产业链全链条绿色升级，支撑"双碳"目标有效落地。

国家电网有限公司物资管理部（招投标管理中心）物资供应处处长　张柯

国网浙江省电力有限公司物资分公司物资供应部副主任　王骊

陕煤物资集团 | 智能仓储网络，助力煤炭物资行业全面升级

一、公司概况

陕西煤业化工集团有限责任公司（以下简称"陕煤集团"）是陕西省委、省政府为充分发挥陕西煤炭资源优势，从培育壮大能源化工支柱产业出发，按照现代企业的制度要求，经过重组发展起来的国有特大型能源化工企业。

在陕煤集团"板块化管理、专业化服务、市场化经营"战略布局下，物资集团按照陕煤集团管理规划，着力打造"一张网、一套码、两集中、零库存"的物资供应智慧化新体系。"一张网"是指通过智慧物流综合服务平台，打造陕煤集团统一的物资管理信息化系统，实现物资全业务链便利化、规范化、透明化；"一套码"是指智慧物流综合服务平台业务开展的数字化承载主体，让物资拥有"身份证"代码；"两集中"是指陕煤集团实施的一级集中采购和所属区域公司实施的二级集中采购，实现大宗和通用性物资规模化降本提质，区域性物资供应差异化高效便捷；"零库存"是指运用信息化手段，形成特定的库存控制策略，达到库存物资最优目的。

二、智能仓储网络项目介绍

（一）智能仓储网络项目概况

陕煤集团的高速发展与智能化生产，对物资的高效率、精准化供应与管理提出更高的要求，以此延伸智能仓储建设的需求。因此，陕西煤业物资榆通有限责任公司（以下简称"榆通公司"）自 2022 年开始，筹备并启动建设物资集团陕北地区智能仓储网络优化改造项目（以下简称"智能仓储网络项目"）。一方面对内赋能，服务陕煤集团陕北地区所属煤炭、电力、化工板块及周边企业的物资保障，为物资集团高质量发展增添新动能；另一方面对外输出，通过打造陕北地区智慧化物流园区服务社会需要。

基于煤炭、非煤单位业务的增量需求和智能化仓储的发展要求，以及库容、效率、管理水平等方面的升级需求，物资集团基于上述体系建设对榆通公司现有仓储条件进行升级，规划形成"中心库+超市"联合布局的陕北地区智能仓储网络体系，实现"作业自动化、仓配协同化、物流可视化、服务便利化"的智能仓储服务，支持未来业务的持续发展。"中心库"，即形成中心库格局，兼顾主业，相互共享，实现蓄水池储备和调度协同作用；"超市"

作为供应保障的"主战场",存放在库共享物资和短期周转性自有物资。

为实现"常用物资超市化、订单物资精准化、储备物资共享化、信息平台智能化"的智能仓储服务,项目建设内容包括设备系统集成及智能化设备购置、信息化系统优化、一站式业务大厅、物资智慧展厅、党建文化展厅、廉洁教育展厅、基础建设,以及电路、安防、消防等系统集成,以实现自动化为目标,即实现中心库仓储设施机械化、智能化、各供应站与中心库仓配一体化。根据现有场地布局及原有设施,对设施进行合理利旧使用;部分已有设施设备升级改造;优化部分仓储系统功能;打通 WMS 系统与 WCS 系统;选用适合业务场景的智能化设备、硬件设备,通过数字孪生方式对现有资源进行整合展示。

(二) 智能仓储网络项目构成

智能仓储网络项目于 2023 年 4 月在榆通公司启动建设,涵盖 1 个中心库和 2 个供应站,仓储面积达 5 万余平方米。智能仓储网络项目的投用,实现了仓储管理数字化和服务保障智能化"双重升级",进一步满足了陕北地区产能扩增和仓储智能化管理需要。

1. 智能仓配库

主要存放矿用材料、配件类物资,设有堆垛机立体库、标准托盘区、横梁货架区等无人作业区,配备 4 台堆垛机、3 台无人叉车、4 台潜伏式 AGV 等自动化设备以及飞翼式配送车。其中,堆垛机立体库共 7 层,有 2128 个存储货位,目前存储在库共享物资约 3000 种,未来可存储约上万种物资;标准托盘区共有 256 个货位,存储物资约 70 种;横梁货架区共有 648 个存储货位,主要存储螺栓等紧固件物资。

2. 智能油脂库

配备 2 台四向穿梭车、1 套智能机械手。四向穿梭车立体库共 3 层,有 543 个存储货位,可储存 2172 桶油脂。

3. 应急共享库

涵盖灾害和生产应急物资储备区。其中,灾害应急物资储备区库容为 3000 平方米,存储排沙泵、移动变电站、风机等设备配件,储备金额约 340 万元;生产应急物资储备区库容为 6500 平方米,存储各类大功率电机、变频器等物资,储备金额约 4600 万元;配备 1 台智能引导机器人,通过 RFID 无线射频技术,实现对大件物资的人员引导及自动盘点功能。应急共享库可同时为陕北地区各矿井及周边其他矿井提供应急救援保障。

4. 区域共享库

区域共享库库容为 3200 平方米,存储物资 300 余种,主要储备油缸、乳化液泵等大型/异形物资,采用地堆存储,为客户提供物资仓储、代理销售、分拣包装、物流配送、结算等一站式物流综合服务。

5. 示范供应站

除中心库的智能化升级外,曹家滩、小保当等仓储网络基地网点也引入了四向穿梭车立体库、堆垛机立体库、无人叉车等自动化系统和设备,通过简化流程、业务前移、强化职能等方式,打造功能齐全、管理规范、智能高效、绿色安全、品牌突出的"示范供应站",为打造"陕煤物资"总品牌汇聚磅礴之力,使"中心库+共享库+超市"智能仓储网络体系布局得到进一步完善。

图 1　智能仓配库（堆垛机立体库）　　图 2　智能油脂库　　图 3　应急共享库

图 4　区域共享库　　图 5　示范供应站

（三）智能仓储网络项目亮点

1. 功能和定位全面提升

陕煤集团智能仓储网络项目，不仅是智能化升级或效率提升，更大的意义在于"身份的转变"，即由原来的物资总库向智能物流中心升级，由单纯的仓储功能向智能园区升级，从而提升了全面服务陕煤集团内外部客户、同行业企业以及社会物流服务的能力。

2. 数智化管理全面升级

在科技赋能之下，智能仓储网络焕新而生，实现了仓储管理数字化和服务保障智能化"双重升级"，其智能化、数字化、信息化实践探索为行业做出良好示范，成为整个煤炭行业智能仓储的标杆。

3. 向"绿"而行，创零碳园区

基于"双碳"目标推进，煤炭行业在科技创新的同时，更加兼顾绿色发展。为响应陕煤集团"零碳转型"发展战略，智能仓储网络项目也在积极探索实施"零碳园区"。例如，推动仓储运营低碳化、配备飞翼配送车、采用屋顶光伏发电技术、选用节能降耗的物流自动化设备等。

4. 自动化设备的创新应用

由于煤炭行业生产物资的特殊性，很多自动化设备需要定制，智能油脂库配套四向穿梭车系统使用的智能机械手就是典型代表。智能机械手可以一次抓取 2 个油桶，并依次将其码垛至托盘上。通常一个托盘码放 4 个油桶，智能机械手先通过视觉识别系统判断所要抓取的油桶的数量，再据此自动将油桶居中码放在托盘上，以保证安全，然后由提升机将码放好的托盘提升到对应层，最后由四向穿梭车送至相应货位。

5. 智慧调度中心让仓库变"聪明"

基于 WCS 与原有 WMS 系统的打通，智能仓储网络项目所打造的智慧调度中心通过大屏呈现的 12 个界面，可以实现仓储设备运行状态监控、仓储环境感知与控制、业务运营状态监控、物资调度、物流资源调配与监控五大功能，以及解决客户关注的业务数据实时追踪查询、共享和应急库存高效调配、消耗分析协同成本管控三大问题，从而让货物"跑"得快，让仓库变"聪明"。

三、智能仓储网络项目的效果及价值

（一）经济效益：运营效率全面提升

智能仓储网络项目在库容、效率、管理水平、安全、绿色低碳、品牌打造和品牌影响力等各维度均实现全面提升。在整体上，与原有的传统仓储对比，货位储存数量整体提升了300%，库容面积较以往扩充了 3 倍，实现了 80% 区域的自动化作业，物资管理人员从 6 人减至 3 人，人工管理运营效率提升了 3 倍以上。

以智能仓配库为例，通过堆垛机立体库将库容提升了 3 倍，而无人叉车与潜伏式 AGV 等的应用，可实现每小时 55 托以上、约 80 吨、近百项物资的搬运工作，2 小时内可完成整车配送物资出库工作。同时，通过设置闲时理货时间节点，按照出入库频次、入库时间进行闲时理货，遵循了物资管理先进先出的管理原则。

智能油脂库通过采用四向穿梭车系统，使存储量提升了 4 倍，每小时收货上架、出库装车超过 50 桶。通过智能桁架机械手自动搬运、物资信息自动识别、安防自动监测预警，实现了更加安全、便捷、高效的仓储管理目标。

（二）社会效益：资源共享共用

除效率指标和经济效益显著提升之外，智能仓储网络项目的投用也创造了极大的社会价值——公用保税库、应急共享库、区域共享库让各类物资实现共享共用。例如，公用保税库外商在库共享物资已达 1600 余种，不仅大幅缩短了进口物资到货时间，还降低了服务单位的缓税压力，进口物资报关时间从 7 天缩短至 1 天，结算时间从 3 个月缩短至当月办理；应急共享库现拥有 80 余种灾害应急物资和 650 余种生产应急物资，可同时为陕煤集团陕北地区各矿井及周边其他矿井提供应急保障。在助力客户降低经营管理成本的同时，从全链条角度来看，也降低了全社会的物流成本。

未来，陕北地区智能仓储网络建设方面的经验成果将在集团范围内各板块复制推广，实现智能仓储与生产建设高效协同的全系统智能化融合，为加快推动物资供应智慧新体系全覆盖奠定坚实基础。

陕西煤业物资榆通有限责任公司　王广荣、申飞

科捷智能 | 智能仓储技术助力我国大家居行业数智化升级

一、家居行业发展现状

（一）行业整体表现欠佳，出口业绩涨幅亮眼

据国家统计局发布的数据，2023年全年规模以上家具制造业企业营业收入6555.7亿元，同比下降4.4%。尽管行业整体表现欠佳，但跨境电商渗透率持续提升，品牌影响力有望不断强化，为我国家居企业出口带来新机遇，如嘉益股份、匠心家居业绩涨幅名列前茅，均受益于电商出口需求。

（二）家居品类拓展协同、跨领域布局稳步推进

家居龙头企业持续推进大家居战略布局，通过多品类集成，满足消费者一站式购物需求。从整体来看，定制和软体均在完成自身领域相关品类布局后，开始向相互领域进行渗透。家居定制企业从橱柜、衣柜等单品类定制，向橱柜、衣柜、木门等定制品类拓展，并进一步向软体、家电延伸；家居软体企业从沙发或床垫单一品类出发，向沙发、床垫、软床等多品类拓展，并逐步向定制延伸。

（三）家居仓储智能化需求提升

随着市场需求的变化，家居制造面临以下形势：一是需要定制柔性生产支持，定制家居越来越受到消费者的青睐，而与之相应的是企业具备柔性化的生产能力；二是家居品类繁多，包括板式家具、沙发、床垫、卫浴、配套五金等，每个大类又有多种品类货物；三是规格差异大，广泛的品类与家居产品的特性导致货物之间的规格差异巨大，如床垫有1~2米的宽度、衣柜产品的配套趟门甚至达到4米以上；四是多部件组合，许多家居产品由多个部件配套组合而成，不同的组件甚至能组合不同的产品，导致货物打包、拣选、配套、收发难度的增加。

此外，"线上+线下"全渠道的发展趋势，要求家居企业进一步提高供应链整合能力，打通前端设计、中端生产、后端销售等全流程，打造为客户提供一站式供应链物流服务的智能化物流中心，均促进家居仓储智能化需求提升。

二、科捷智能的智能化解决方案

科捷智能是一家自有核心技术与产品的智能物流和智能制造解决方案提供商，业务范围涵盖企业数字化咨询、项目方案规划、系统集成、设备研发制造、软件研发实施、现场安装调试及持续售后服务。

家居是科捷智能关注的重点产业之一，科捷智能专注于提供家居行业智能化大件物流解决方案，为家居企业提供端到端定制化智能制造和智能仓储解决方案。服务项目涵盖欧派、索菲亚、金牌橱柜、司米橱柜、A 家家居、志华集团等定制家居的成品库或板材库，莱博顿的卫浴仓库，司米橱柜的订单智能分拣组盘系统，顾家、喜临门等软体家居的成品库。

（一）自上而下的智能化方案

图 1 智能化方案

1. 行业挑战

目前家居行业面临诸多挑战，客户对产品的个性化、多样化、快速便捷、安全可靠的要求越来越高，行业需要瞄准客户的要求进行自身智能化的需求，才能应对这些挑战。

2. 愿景

瞄准客户价值要求，制造过程中拉通整个价值链，让工厂的每个环节都无浪费，为创造客户价值服务，从多维度、多要素进行工厂的管理升级。通过一系列的技术和手段实现工厂的个性化定制和柔性交付。

3. 路径

实现愿景的五个路径：制造技术、自动化、柔性化、精益化、数智化。以上每个路径中都包含众多关键点，如自动化路径包含省力自动化、省人自动化、工艺质量自动化和物流自动化。

4. 场景

场景包括下料、机加工和涂装、检验和分拣、输送包装、储运等，逐步完成智能工厂的落地。

5. 管理基石

（1）通过 EHS 保证工厂的环境、健康与安全。

（2）通过 TRS/CTQ/FEMA 保证工厂生产产品的品质一致性。

（3）通过人员、生产、设备的三定（定人、定机、定岗）来保证生产的稳定化。

（4）通过 5S 及目视化管理的手段保证现场环境整洁。

基于以上自上而下的实施，科捷智能确保家居制造企业在智能化升级过程中的落地效果，实现为客户创造价值的企业目标。

（二）自动化技术设备应用

智能化升级之路包含物流自动化相关技术应用。

1. 存储设备

a. 堆垛机   b. 轻载堆垛机

c. 定制AGV   d. 定制RGV

图 2　存储设备

针对家居行业大部分是大件物流的存储需求，在存储场景使用以下四大类设备。

（1）堆垛机：适合新建立体库，高物动量①、高存储率，地面载荷一般在6000千克/平方米以上。

（2）轻载堆垛机：适合单层平库改造，高物动量、中等存储率，地面载荷一般在1500～2500千克/平方米。

（3）定制AGV：适合多层楼库改造，中等物动量（柔性化），地面载荷一般在900～1500千克/平方米。

（4）定制RGV：适合多层楼库改造，中等物动量，地面载荷一般在600～900千克/平方米。

2. 输送设备

输送设备包含轻载、单片流输送的板件输送线，重载、托盘级别的托盘输送线，与叉车对接的三排滚筒输送线，车间多段工序间接驳搬运的定制化RGV，双/四工位RGV等，以满足家居行业多种规格垛型的搬运需求。

a. 板件输送线

b. 托盘输送线

c. 叉车对接托盘输送线

d. 定制化RGV

---

① 高物动量：指物体移动的数量，代表着搬运量比较高。

e. 重载AGV　　　　　　　　　　　　f. 双工位RGV

图 3　输送设备

3. 生产订单拣选

适合定制家居行业、板材行业场景需求的板材生产订单拣选设备。

（1）关节机器人：分拣效率为 200~240 件/时；一对一，一对二①。

（2）龙门机器人：分拣效率为 150~180 件/时；一对多，多对多。

图 4　关节机器人　　　　　　　　　图 5　龙门机器人

（3）推板机构+升降输送机：分拣效率为 80~110 件/时；一对一。

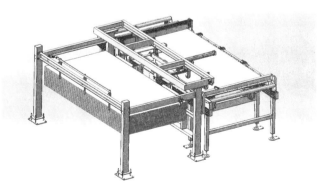

图 6　推板机构+升降输送机

---

① 一对一，一对二：指关节机器人从一个位置拣货到另外一个位置或者另外两个位置。

4. 小板件拆码垛

适合定制家居行业场景需求的板式家具成品订单的小板件拆码垛，通常大板材经过电子锯裁切后形成小板件，整垛的小板件送到后段的封边工序，需要拆垛成单片流。

图 7 桁架机器人　　　　　　　　　　　图 8 关节机器人

5. 板件分拣和缓存

适合定制家居行业场景需求的板式家具成品订单的板件分拣和缓存，通常大板材经过电子锯裁切后形成小板件，小板件再依次经过封边、打孔、检验等专机生产设备后形成成品板件，多个成品板件需要通过分拣、缓存进行齐套，之后才能包装。

（1）环形关节机器人分拣系统：分拣效率为 700 件/时。

（2）移动关节机器人分拣系统：分拣效率为 100~150 件/时。

图 9 环形关节机器人分拣系统　　　　　图 10 移动关节机器人分拣系统

6. 成品订单分拣组盘

适合定制家居行业场景需求的板式家具成品订单的分拣组盘系统：一是半自动分拣组盘系统；二是全自动分拣组盘系统。

（1）半自动分拣组盘系统：适用于成品箱式货物的分拣作业，满足货物按单分拣再组盘的需求，可应用于产线车间与成品仓库之间的过渡衔接，配合线边库暂存集合分拣再组盘实现成品货物按单存储，优化发货效率。

（2）全自动分拣组盘系统：龙门机器人与 AGV 设备配合作业，完成货物的批量拣选作业与自动码盘，适用于一定规格范围内货物，多品类、多订单的集合拣选与码盘，可应用于仓库或车间，与立体仓库、自动化产线配套完成货物按单或按批次码盘。

 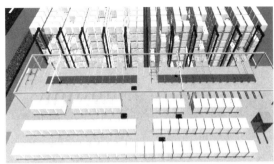

图 11　半自动分拣组盘系统　　　　　图 12　全自动分拣组盘系统

三、科捷智能的服务案例

在喜临门绍兴全球家具制造出口基地二期成品立体库项目中，科捷智能助力喜临门搭建了床垫领域长、大物料的自动化仓储系统。

（一）喜临门的需求

喜临门家具股份有限公司作为床具行业的领军企业，专注于设计、研发、生产、销售以床垫为核心的高品质家具，是我国床垫行业较早的上市公司，也是床垫行业的标志性品牌，在世界范围内享有较高知名度。为升级产线，实现家具产品的"数字化智造"，喜临门在绍兴市袍江新区建设海绵床垫生产基地，进行普通海绵、记忆海绵等各类海绵床垫及配套产品的生产。

（二）科捷智能方案

该项目整套智能物流系统共规划 5 个不同功能的物流系统分区，包括自动化立体库区、一层托盘输送出入库区、二层单工位 RGV 出入库区、三层双工位 RGV 出入库区、四层单工位 RGV 出入库区。采用自动化立体库进行成品仓储，通过输送机、升降机、RGV 等设备连接车间与仓库，实现成品自动化入库、出库作业。同时，该项目预留车间物流系统、MES 系统等拓展接口。各分区设备及其功能如下所示。

1. 自动化立体库区

在成品存储区部署自动化立体库，配备 6 台双深位堆垛机（SRM），该堆垛机高度为 26 米，满足长、大物料高稳定性的作业要求；近 7000 个货位的双深横梁式货架分为 3 种高度，定制化匹配不同规格成品的高效存储需求，可大幅度提升存储效率。

2. 一层托盘输送出入库区

包括托盘输送机、码盘机，用于该楼层成品的整托出库、半托拣选、拣选回库、空托盘回收入库。

3. 二层单工位 RGV 出入库区

包括库前顶升装置、托盘输送机、单工位 RGV、拆盘机，用于该楼层成品的整托入库、空托盘供应产线出库。

4. 三层双工位 RGV 出入库区

包括库前顶升装置、托盘输送机、双工位 RGV、拆盘机，用于该楼层成品的整托入库、空托盘供应产线出库。

5. 四层单工位 RGV 出入库区

包括库前顶升装置、托盘输送机、单工位 RGV、拆盘机，用于该楼层成品的整托入库、空托盘供应产线出库。

图 13　RGV 搬运　　　　　　　　　　　图 14　托盘输送

（三）关键设备及其特点

本项目的关键设备为定制的双深位堆垛机（SRM），由于床垫产品规格较大，货物单元规格为 2000mm×2100mm×2400mm（重量为 1 吨）。为保证运行高效稳定，科捷智能提供的堆垛机及货叉均是定制化开发产品，在载重 1 吨的前提下，货叉伸叉行程长达 4.3 米。该堆垛机的定制化设计，解决了一直难以突破的行业问题，即大规格尺寸产品难以使用双深位存储。科捷智能的创新方案是业内少见的尝试，既满足了客户需求，又节约了成本。

（四）主要作业流程

1. 入库

立体库库前区二、三、四层的 RGV，将空托盘垛送到拆盘机进行单个空托盘分离，作业人员驾驶叉车将空托盘送到产线末端进行组盘，组盘位置设置缓存位，组盘好的成品货物托盘由作业人员驾驶叉车送回到二、三、四层的入库口进行入库。

2. 出库

立体库库前区一层的输送线，将整托出库货物按照就近原则输送到与发货车辆较近的出库口，工作人员用叉车将带有子托盘的货物叉下线后，用 RF 手持终端扫描货物的二维码确认出库。拣选作业结束，若产生半托盘货物，则由输送线送回库前输送机上，由堆垛机进行再入库；若产生空的母托盘，则由输送线输送到最左端的托盘码垛机上进行空托盘的码垛及回库。

当前，我国科学技术快速发展，促进了各种创新技术、智能设备等在家居行业生产、加工和物流过程中的应用。科捷智能作为系统解决方案提供商，踏实研究不同行业的特性及每家客户企业的不同经营特色和需求，通过数据分析和未来发展规划，着眼于为客户提供有针对性的解决方案，切实解决其痛点。未来，科捷智能会关注长、大物料从仓内向仓外的高效衔接环节，针对物流全流程场景，不断完善长、大物料智能化仓储物流系统规划建设方案。

耐克 | 耐克中国物流中心风光一体化零碳智慧园区低碳转型实践

物流业在高速发展的同时，对环境也带来了负面影响。从包装、装卸、运输、储存再到配送，每个环节都持续地消耗能源、产生碳排放，物流业的绿色和低碳转型面临着巨大的挑战。

耐克一直致力于通过有效应对气候变化来保护体育行业的未来，并在全球范围内设定了目标：于2025年实现全部自有和自营设施100%利用可再生能源供能；在2015年碳排放基础上，到2030年降低供应链30%碳排放量，不断向"零碳排、零废弃"前进。耐克作为积极履行社会责任的标志性企业，在业务持续发展的同时，有决心以相应的技术创新能力，去解决物流园区乃至整个供应链的耗电与碳排放问题，不断降低环境影响，真正做到高质量绿色发展。

自中国于2020年提出"3060双碳目标"以来，中国政府积极推动经济的绿色低碳转型，尽早实现碳达峰、碳中和已成为各行各业的共识，而一个绿色节能、创新高效的物流中心是耐克可持续创新战略的最佳体现，也代表了耐克与中国消费者创造更紧密关系的承诺。

一、耐克中国物流中心简介

耐克中国物流中心位于江苏省太仓市，是耐克在亚洲最大的自有物流中心。物流园区占地30万平方米，包含四栋主体建筑，主要经营大陆地区的批发和电商零售业务。自2010年投入运营以来，在可持续创新和绿色节能的设计理念和管理实践方面，已经为全行业树立了新的环保示范和标准，并于2011年获得了美国绿色建筑委员会颁发的绿色能源与环境设计先锋奖铂金级认证（LEED Platinum Certificate），成为中国仓储物流领域第一个获此绿色认证最高奖的物流中心。

耐克中国物流中心在设计之初就采用行业领先的创新绿色科技解决方案。目前，耐克中国物流中心的能源需求可完全由屋顶的3.47兆瓦光伏和园区6兆瓦分散式风力发电机组满足，地底深90米的地源热泵还可就近为办公区域的空调供能，即发即用。

二、耐克中国物流中心低碳转型实践与成效

创新是耐克的DNA，耐克中国物流中心通过多种创新技术和自动化体系，在新能源利用、园区水电消耗、照明系统以及废弃物管理等方面进行实践，针对性地解决了传统物流碳排放较高的问题。

（一）绿色能源发电

耐克中国物流中心充分利用太仓市当地的自然资源及产业资源，大力推广风光一体化综合利用的新模式。目前，耐克中国物流中心使用的约70%能源来自三种可再生能源——风能、太阳能、地热能，剩余30%能源因功率实时平衡的原因来源于电网。2016年，耐克中国物流中心建设了4万平方米的太阳能电池板，年发电量约为450万度，减少二氧化碳排放约2500吨。2023年，耐克中国物流中心推广智能捕风技术，建设了2台单机容量为3兆瓦的风力发电机组，总装机规模6兆瓦，项目年发电量约为1400万度，减少二氧化碳排放约8000吨。2023年7月，耐克中国物流中心风光一体化项目正式运行，截至2023年年底，发电740万度，园区用电343万度，风光发电量远超过园区用电量，耐克中国物流中心实现100%绿电覆盖，成为中国首个真正意义的风光一体化零碳智慧物流园。

（二）数字化能碳管理平台

在提升能源管理和资产运行效率的同时，也赋能耐克中国物流中心在能耗管理、碳排放管理及碳资产管理方面的持续创新。耐克中国物流中心基于智能物联操作系统 EnOS 及方舟能碳管理平台，通过一张可视化大屏呈现，管理者能实时掌握园区综合用能及绿电占比情况，包括园区一级、二级、三级、四级用电数据，风电、光伏发电数据，对充电桩使用情况等，对"源—网—充—荷"进行实时监测、分析、预警，并建立物流中心用能画像等。

（三）节能降碳设计

耐克中国物流中心采用地源热泵技术给办公楼空调供能，每年节省用电量25万度；整栋建筑和库区100%使用 LED 照明，建设风光互补技术的路灯，每年节省用电量320万度；种植抗旱植物，减少对灌溉水的需求，雨水回收灌溉，每年节省3200吨水；建筑外墙涂料采用高反射材料，以减轻热反射，从而抑制热岛效应；在操作区域安装工业大风扇，增加空气流通；利用屋顶的透明天窗减少人造光的使用，在货架之间的走道安装自动感应装置，传送带设置睡眠模式，减少能源浪费；还设置太阳能充电桩及其他可充电的停车棚。2022年，耐克投产运营了上海首批350kWh 电动重卡项目，用于上海—太仓两地间货物配送，并配套了交直流充电桩，由耐克中国物流中心的新能源发电补给，真正实现了绿色运输。

（四）废弃物管理

耐克中国物流中心通过现行废弃物管理流程，将园区每年产生的270吨垃圾进行回收，餐厅产生的68吨食物垃圾在焚烧后进行沼气发电，实现100%零填埋。在物流减废方面，耐克二次使用从工厂发来的旧纸箱代替购买新纸箱，目前纸箱二次使用率已达80%。耐克中国物流中心内还设有一个700平方米的环保篮球场，使用从供应链回收的大约44000双耐克鞋所建成，这也是 Nike Grind 项目（耐克30多年来持续推动的旧鞋回收项目）正式落地中国的契机与尝试。耐克计划于2030年前在大中华区建造100个环保运动场，目前已建成32个。

三、经验启示及推广前景

耐克中国物流中心已经成为全球物流和供应链领域令人瞩目的可持续创新榜样。

在商业模式层面，耐克中国物流中心的光伏和风电项目都采用第三方投资，耐克利用合同能源管理模式（EMC）有效降低了企业资金压力，以减少的能源费用来支付节能项目成本，同时获得相应的电价折扣，如此创新的项目实践为中国大力发展分布式能源网络，积极推行综合节能服务等市场化机制和新型商业模式起到示范性作用。耐克中国物流中心将成为未来中国大力发展分布式风光互补提供系统的杰出示范，让零碳物流成为整个行业的共识和基础，助力中国碳达峰和碳中和目标。

在推广潜力层面，耐克中国物流中心的分布式风电项目作为太仓市当地第一例获批的分布式风电项目，在太仓市政府和国网太仓市供电公司的大力支持下，突破了分布式风能项目在开发、审批、并网、交易等环节的诸多困难。该实践将有序推进当地政府新能源和清洁能源的推广应用，对太仓市当地新能源产业进行再升级，并有利于吸引其他也有同样零碳目标的国际企业及社会资本进入。

作为全球最具影响力的大众消费品牌之一，耐克始终积极履行企业社会责任，并以创新和可持续发展为使命。耐克中国物流中心的建立以及其所创造的一系列解决方案，代表了耐克积极响应中国双碳目标的决心和在运营大中华区业务中始终秉持可持续发展理念的承诺。

北方设计院 | 绿色冷库节能设计，深圳国际综合物流枢纽项目（平湖南·深圳）

一、冷链物流绿色节能发展现状

2020 年，我国宣布力争 2030 年前实现碳达峰，努力争取 2060 年前实现碳中和。绿色、环保、低碳已成为冷链物流建设不得不考虑的强约束条件，同时也迎来了绿色低碳和数字化转型升级的新机遇。一方面，随着社会环保意识增强，仓储物流租户也将青睐于租赁绿色建筑，并乐意为此承担一定的租金溢价，如费列罗、可口可乐、蒙牛乳业、李锦记等品牌企业早已将 LEED 体系应用于自有仓库。另一方面，随着碳交易市场的日益扩大，建造绿色节能仓库将使冷链物流企业在碳指标和碳资产交易市场上拥有更大的优势。因此，越来越多的企业在新建冷链物流园区时，会优先考虑建设绿色高效节能型冷库，并希望获得更高星级的绿色建筑评价认证，以及更高等级的 LEED 认证。

推动冷链物流绿色低碳发展，建筑节能是基础，可再生能源应用是主要途径。在冷库设计环节，设计合理的温区分布、绿色节能的制冷系统、环保可靠的保温围护结构、分布式光伏应用、光储充一体化应用、高效的运营管理模式等是目前实现建筑节能的主要手段。对于不同等级的绿色建筑标准要求，应当采用相应的绿色节能技术措施，建造绿色高效型冷库，实现设计绿色节能目标。本文将通过在深圳设计的绿色冷库节能案例，深入探讨这些措施的具体应用。

二、关于项目与设计单位

深圳国际综合物流枢纽项目位于深圳市龙岗区，项目用地 33.36 公顷，建筑面积约 85 万平方米，是全国首批 23 个国家物流枢纽之一，也是深圳唯一的商贸型国家物流枢纽的核心部分。作为全球首例在传统铁路货站上建设的智慧物流园，将打造成全亚洲规模最大、业态综合、智能化水平高、具有标杆示范作用的"公、铁、海"多式联运中心和国家级综合物流枢纽。

本项目规划可提供仓库面积约 56.1 万平方米，其中普通仓库约 43.4 万平方米，冷库约 12.7 万平方米。冷库分为 3 栋单体，每栋单体有 4 层，层高均为 11 米，每栋冷库的设计冷藏库容约 5 万吨，单位面积存储优势明显。每层建筑面积约 10565 平方米，柱间距 12 米×12

米。结构形式采用钢管混凝土柱—钢梁组合结构，现浇楼板，钢筋混凝土屋面，外墙为岩棉复合压型钢板。冷库一层荷载取值：楼板为 $50kN/m^2$；次梁、次框梁为 $41.25kN/m^2$；主框梁、柱、桩基础为 $30kN/m^2$。冷库二层及以上荷载取值：楼板为 $40kN/m^2$；次梁、次框梁为 $33kN/m^2$；主框梁、柱、桩基础为 $25kN/m^2$。

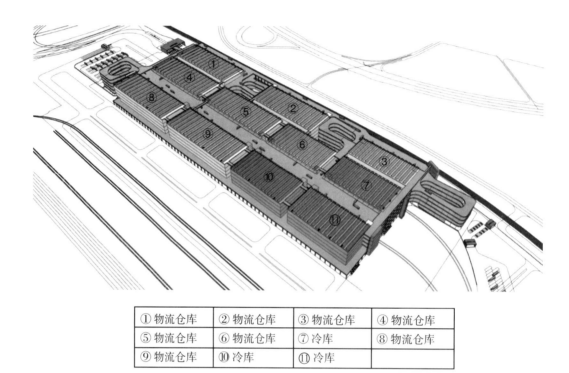

① 物流仓库	② 物流仓库	③ 物流仓库	④ 物流仓库
⑤ 物流仓库	⑥ 物流仓库	⑦ 冷库	⑧ 物流仓库
⑨ 物流仓库	⑩ 冷库	⑪ 冷库	

图 1　深圳国际综合物流枢纽项目设计方案

北方工程设计研究院有限公司作为该项目的设计单位，隶属于中国兵器工业集团有限公司。公司注册资本 1 亿元，现有员工 1300 余人，拥有工程设计综合甲级、工程咨询甲级、城市规划编制甲级、工程勘察综合甲级、压力管道设计等行业最高资质。公司具有涵盖工程咨询、勘察、设计、建造、检测、监理、项目管理、工程总承包等工程建设全过程一体化的工程技术服务能力。北方工程设计研究院有限公司深圳分公司成立于 1983 年，是国内知名物流基础设施建设全过程综合服务商，具备各种规模、多种业态的全物流建筑的设计能力。深圳分公司作为北方工程设计研究院有限公司的物流设计院，专注物流设计 20 年，物流设计案例 200 余项，总建筑面积 2000 万余平方米，参与多个企业及行业标准编制，在仓储冷链节能设计方面有丰富的设计经验。

三、项目绿色节能设计应用

（一）绿色建筑设计

冷库采用"多层并排式"布局方案，可以节省占地面积，有利于制冷设备集中布置，减少输送和设备管道长度。通过屋面安装太阳能板及绿色植被覆盖等方式进行节能减排，并充分利用自然采光，降低能耗，减少碳排放量。项目按照绿色建筑二星级及 LEED 金级进行设计，并通过评审认证，项目绿色建筑节能与能源利用的主要内容如表 1 所示。

表 1 项目绿色建筑节能与能源利用的主要内容

标准条文	项目实现情况
围护结构的热工参数符合国家现行有关标准的规定	本项目经工业节能设计，各栋围护结构热工参数符合国家现行节能标准的规定
有温湿度要求的厂房，其外门、外窗的气密性等级和开启方式符合要求	本项目外立面采用外窗，未采用玻璃幕墙，外窗气密性为 6 级，满足《建筑幕墙、门窗通用技术条件》（GB/T 31433-2015）的要求，可有效保证房间内的压力，减少室内外的热湿交换，外门、外窗的开启方式有利于房间所需的正（负）压要求
主要生产及辅助生产的建筑外围护结构未采用玻璃幕墙	本项目在建筑外围护结构的选择上并未采用玻璃幕墙，玻璃幕墙通常不具备良好的保温和隔热性能。此外，玻璃幕墙可将阳光的热量反射到周边建筑物、人行道或广场上
电力系统的电压偏差、三相电压不平衡指标均符合现行国家有关标准的规定	① 本项目设计根据建筑规划将变配电房、配电间、配电管井设置在负荷中心，减少低压侧线路长度，降低线路损耗，至末端配电箱最长供电距离约 150 米 ② 本项目选用 Dyn11 变压器。单相负荷尽可能均衡地分配在三相上，使三相负荷保持基本平衡，最大相负荷不超过三相负荷平均值的 115%，最小相负荷不小于三相负荷平均值的 85% ③ 本项目在变配电房的低压侧设集中无功自动补偿，采用自动投切装置，要求功率因数保持在 0.95 以上 ④ 对谐波电流较严重的非线性负荷，无功功率补偿考虑谐波的影响，采取电容器串接调谐电抗器的措施，必要时安装有源吸收滤波器装置或静止无功发生器（SVG）
合理利用自然采光	本项目存在较大面积的铁路盖下区域，天然采光条件较差；在尽量不影响盖上装卸货作业的区域设置采光井用于自然采光；仓库周边区域设置导光筒，利用高反射的光导管，将阳光从室外引入盖下采光条件差的区域
人工照明符合国家标准《建筑节能与可再生能源利用通用规范》（GB 55015-2021）的要求	① 本项目照明功率密度值均低于标准的规定值 ② 本项目采用自然采光的库内和局部办公区，设置光照传感器；室内照明根据光照传感器的检测值，控制灯具回路的开关 ③ 本项目在考虑显色性基础上，照明光源的能效不低于 2 级，镇流器的能效不低于 2 级
风机、水泵等输送流体的公用设备合理采用流量调节措施	风机、水泵等输送流体的公用设备合理采用台数控制、电机调速、风机入口导叶调节等流量调节措施
按区域、建筑和用途分别设置各种用能的计量设备或装置，进行用能的分区、分类和分项计量	本项目根据不同区域、不同用途分别设置用能计量装置，如通风、水泵、照明（含开关插座）、工艺设备，均分别设置配电箱，进行负荷计算，实现对厂房用能的分区、分类、分项计量

（二）保温设计

建筑围护体系的保温材料包括有机类、无机类与复合类，其中有机类保温材料市场成熟，保温性能较其他类型更为优异，因此有着极高的市场占有率。目前应用于市场中的有机类保温材料包括模塑聚苯板（EPS）、挤塑聚苯板（XPS）、聚氨酯板（PU、PIR）等。通过材料特点和性能指标对比分析，聚氨酯类保温材料比聚苯类保温材料的绝热性能更高，比酚醛树脂类保温材料的抗压强度更高。并且聚氨酯类保温材料还具有较强的粘合力，耐火性能达到B1级，环保也满足绿建要求，在以往许多冷库项目实际应用中效果优异。

项目采用了内保温系统。内墙为砌体墙，外墙为复合压型钢板，均采用PIR夹芯彩钢板拼装。冷库楼板为"钢结构框架+现浇楼板"，考虑保温能力及承重能力，天花板保温同样采用PIR夹芯彩钢板拼装。地面保温则采用XPS板错缝挤紧铺设，接缝处聚氨酯发泡灌注。

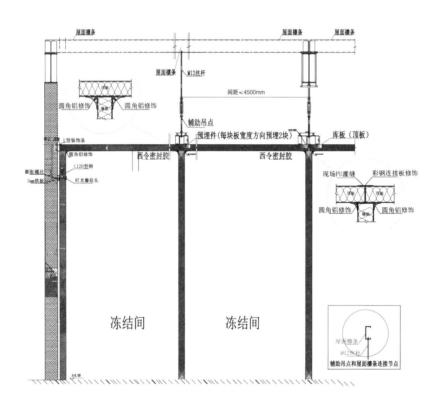

图 2　墙体及天花板保温构造示意图

（三）制冷系统设计

依据项目铁路盖上的特殊性以及客户需求，在温区划分时把冷却物冷藏间（-2℃～5℃）设置在首层，二层为变温冷藏间（-25℃～-22℃或-2℃～5℃），三、四层为冻结物冷藏间（-25℃～-22℃）；为满足货物配送及周转需求，每层设置约2000平方米的控温穿堂（4℃～10℃），由于场地以及供液距离的限制，每栋冷库采用独立的制冷系统，下面以其中一栋为例。

1. 制冷剂的选择

我国常用的各类氟利昂制冷剂，将会导致温室气体直接排放到大气中。随着环保意识的提高，近年来新建冷库项目基本都会采用第三代氟利昂制冷剂。第三代及往后的氟利昂制冷剂的破坏臭氧潜能值（ODP）均为0，可是其全球变暖潜能值（GWP）却是氨和二氧化碳制冷剂的成百上千倍，严重助推全球温室效应。为实现绿色节能目标，并综合环保、安全、经济等方面，项目采用二氧化碳亚临界制冷技术，以二氧化碳作为低温侧制冷剂及中温侧载冷剂；第三代氢氟烃（HFCs）为高温侧制冷剂。低温工况（-25℃~-22℃）采用氟/二氧化碳复叠制冷系统；中温工况（-2℃~5℃）采用氟/二氧化碳载冷制冷系统；控温穿堂（4℃~10℃）为高温工况，以乙二醇水溶液作载冷剂，采用氟/乙二醇载冷制冷系统。能效方面相比于纯氟利昂系统有所降低，但是考虑到氟利昂的巨大充注量对绿色环保的影响，以及考虑到未来碳交易市场扩大带来的影响，选择采用二氧化碳制冷系统不仅有利于绿色环保发展，更有利于企业自身的发展。

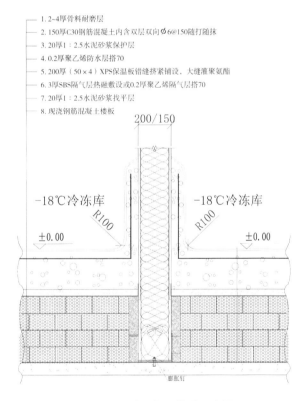

图 3　地面保温构造示意图

2. 制冷压缩机组的选型

大型冷库制冷系统常用的制冷压缩机组形式主要有开启式和半封闭式并联机组。由于开启式螺杆压缩机组电机外置，压缩机不用额外承担电机运转产生的热量，采用开启式螺杆压缩机会获得更高的制冷系数（COP）。冷库冷负荷波动大时，压缩机组会出现启动频繁的情况，导致能耗偏高且对电网造成一定的冲击。因此，在配置机组时，为确保单台机组电机负荷不会过大，选用4台二氧化碳开启式螺杆压缩机组以及6台氟开启式螺杆压缩机组，其中包含 1 台二氧化碳变频机组以及 2 台氟变频机组，综合使用能效得到进一步提升。

3. 冷凝方式的选择

深圳市夏季空气调节室外计算湿球温度为 27.5℃，根据《冷库设计标准》（GB 50072-2021）要求，为确保制冷系统高效运行，确定冷凝方式采用蒸发式，设计冷凝温度为 35℃，选用 6 台蒸发式冷凝器。同时为了保证制冷系统冷凝压力不会受系统内不凝性气体的影响，在冷凝侧配置 1 台自动空气分离器，定期排放不凝性气体。

4. 冷风机的选型

根据冷库纵深较长的特点，冷藏间内采用单侧出风型吊顶式冷风机，配置织物风道送风系统均匀送风。相对于冷风机对称布置的形式，采用"冷风机+织物风道"的形式有利于降低制冷系统设备投入成本，减少管道系统布置，以及降低库内冷风机对于货架布置空间的影响。控温穿堂采用双出风型吊顶冷风机，具有噪声小、对穿堂净高影响小、成本较低等特点。

5. 融霜方式的选择

目前，二氧化碳冷风机的融霜方式多采用热气融霜、水冲霜和乙二醇融霜。综合考虑成本、能效以及后期维护等方面问题。在本项目中，末端冷风机的融霜方式采用相对节能的水冲霜，并配置 1 台换热量为 400kW 的高温热回收换热器，利用水的高比热容吸收制冷系统冷凝热回收的热量来融化霜层，几乎只需要消耗循环水泵的功率即可。水冲霜采用循环用水，节能环保，后期只需要维护人员定期监控用水水质，保证水质清洁卫生。

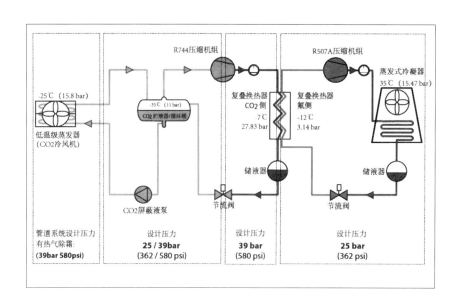

图 4　项目 R507/R744 复叠制冷系统

据制冷系统的选型配置估算，每栋冷库的亚临界二氧化碳制冷系统的二氧化碳充注量为 35.2 吨。相比纯氟利昂（R507A）桶泵供液系统，每栋冷库的氟利昂充注量约减少 45 吨。取制冷剂年泄漏量为 5%，在项目全部建成投入使用后，每年直接减少碳排放约 26323 吨。

（四）光伏发电系统（PV）设计

项目在屋面设置光伏发电系统是实现园区低碳节能目标的主要环节。它不仅有助于降低碳排放和用能成本，还能够促进绿色建筑的推广，增加绿电比例，提升用能效率，降低运营成本，并提升园区整体形象。

1. 光伏发电模式与并网方式

项目采用"自发自用，余电上网"的发电模式，同时采用10kV多点与园区配电房高压并网方式和"多个发电单元结合，分散、集中并网相结合"的并网方案，确保光伏系统产生的电能能够安全、高效地并入电网。

2. 光伏并网发电系统

光伏并网发电系统主要由光伏电池组件、汇流箱、逆变器以及综合监控系统组成。选用580Wp N型单晶硅组件和110kW并网型组串式逆变器，这些设备具有较高的光电转换效率和可靠性，能够满足项目的需求。

3. 光储充一体站（GCS站）

图5 光储充一体化系统结构图

项目在屋面设置光伏车棚，这是一种将太阳能光伏板与屋顶停车场相结合的绿色低碳设计。光伏车棚不仅提供了停车空间，还利用太阳能进行发电，实现了空间的多重利用。光伏车棚具有吸热性好、安装便捷、成本低廉等优点，是绿色建筑的重要体现，同时设置储能设施，实现光储充一体化。项目规划设计光伏的屋面面积约为13.75万平方米，光伏板有效安装面积约10万平方米，预估装机容量约22300kWp，预估光伏年发电量2246万kWh/a，相较于设计年用电量6696万kWh/a，光伏年发电量约占建筑设计年用电量的34%。每年间接减少碳排放量约17631.1吨，供电系统约4年的电费收益可收回光伏发电系统投资成本。

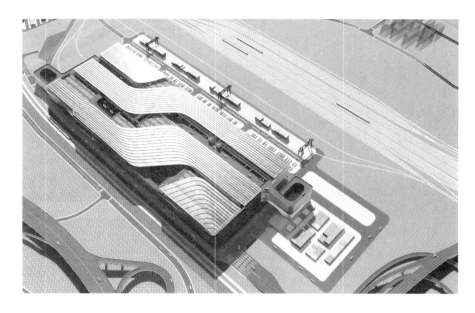

图 6　屋面光伏板覆盖

（五）储能系统（ESS）

储能系统在现代能源体系中扮演着越来越重要的角色，特别是在可再生能源项目中，储能系统能有效解决光伏间歇性能源的不稳定性问题，提高能源利用效率和电网的稳定性。

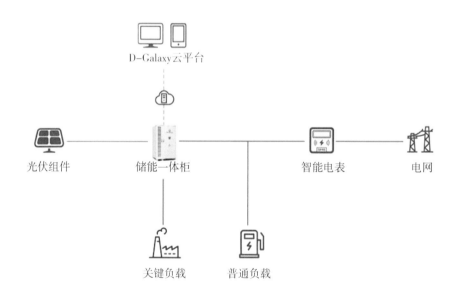

图 7　储能系统结构

1. 储能系统的设计目标

（1）存储多余光伏发电量，提高自发自用比例。储能系统可以在光伏发电高峰时段存储多余的电力，用于夜间或光照不足时供电，从而减少对电网的依赖，并提高自给自足率。

（2）实现削峰平谷的电价套利模式。通过在电价较低的时段储存电力，在电价较高的时段释放电力，储能系统可以帮助用户降低电费支出，实现经济效益。

（3）提高电源质量和供电可靠性。储能系统可以作为电网的缓冲，平衡电网负荷，减少电压和频率波动，提高供电的稳定性和可靠性。

2. 储能系统接入方式

本储能系统经储能变流器输出交流电（690V），接入变压器低压侧交流母线上，经变压器升压到 10kV 后，接入用户配电系统，进而实现储能系统与现场内电网及负载的电力交互，储能与电网的无缝对接。

3. 储能设备配置及布局

由 6 套 5MWh 的储能设备组成，每套储能设备都集成了储能逆变升压功能。这种集中式储能逆变升压一体舱的设计可以简化系统布局，减少占地面积，便于管理和维护。储能设备将放置在靠近变配电房的盘道下方的室外空余区域，这样的布局有利于电力的快速传输和系统的高效运行。设计安装的储能容量为 30MWh，按照削峰平谷的电价套利模式，预计每天进行两次充电和两次放电，每次充电持续 2 小时。预计每年可节省约 585 万元的电费，大约 5 年的时间可以通过电费收益回收储能系统的投资成本。根据国内学者研究模型计算，预计储能系统间接减少碳排放量 2190 吨/年。

（六）综合能效管理系统（EEMS）

园区综合能效管理系统是集园区的电力监控、电能质量分析与治理、电气安全预警、能耗分析、照明控制、新能源使用以及能源收费等功能于一体，通过一套系统对园区的能源进行统一监控、统一运维和调度，系统可以通过 WEB 和手机 App 访问，并可以把数据分享给智慧园区平台，实现整个园区的智慧运行。特别是针对冷库设备、进出货调度方面的监控，是冷库改进运营管理的最好手段。

目前，采用综合能耗管理系统及相应的节能措施能使单位建筑面积能耗下降 10%～15%。按设计年用电量 6696 万 kWh/a，每年能减少浪费用电量约 669.6 万 kWh/a，每年间接减少碳排放量约 5256.36 吨。

（七）冷库与冷运组织一体化

我国跨季节、跨区域调节农产品供需能力不足，冷藏运输率低，导致冷链"断链"的现象一直存在。据估算，我国每年因冷链"断链"造成约 1200 万吨水果、1.3 亿吨蔬菜的浪费，经济损失超千亿元。不仅如此，食品腐损过程中会产生大量温室气体，与冷链物流绿色低碳发展方向背道而行。

项目地块位于深圳市"几何中心"，东临丹平快速路、北接机荷高速、南连水官高速，距离丹平快速路与水官高速交汇的平沙立交仅 3 公里，距离水官高速布澜立交仅 7 公里。此外，项目在机荷高速设置了专用的出入口，这将使其成为深圳市及其周边的重要城市物流枢纽。依据国内、国际铁路班列，实现"铁路+城市物流"的公铁联运、功能融合。依据将要完成升级改造的平盐铁路，深圳国际综合物流枢纽将与深圳港区（含东港区）连接，实现海铁联运。远期预估经平湖南物流枢纽的年海铁联运量约为 200 万 TEU。项目建设完成后，具备发展公铁、海铁、公铁海联运等铁路货运枢纽多式联运优势，将构筑现代化综合立体交通物流货运平台。项目设计预留吊装、平移等换装转运专用设施设备，在自动化、专业化、智能化等方面将不断完善，冷链甩挂运输得以实现。进入全程"不倒托""不倒箱"模式后，多式联运所带来的经济效益、节能效益将十分可观。

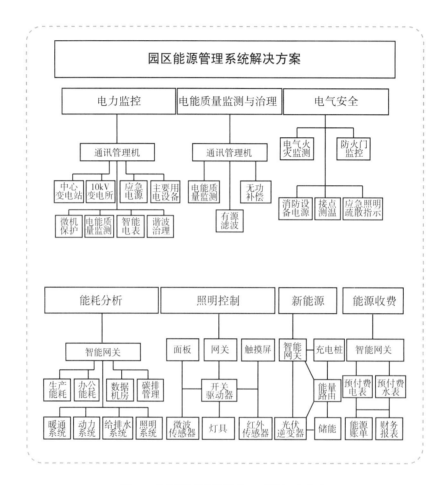

图 8 本项目园区能源管理系统解决方案

四、项目成果与未来展望

通过采用绿色建筑设计、环保保温系统设计、绿色节能制冷系统设计、热回收等建筑节能手段，配置分布式光伏—储能系统、光储充一体系统等绿色能源应用设备，辅以园区微电网系统、智能能效数字化管理系统等先进技术，为深圳国际综合物流枢纽项目的绿色建筑设计赋能。项目落地后，综合各项能效数据，每年预估减少碳排放量约 50000 吨，构建出绿色、节能、低碳的冷链园区。

在深圳国际综合物流枢纽项目对绿色节能冷库的建造方面进行了一些实践与尝试，项目设计阶段已经完成，将来项目投入使用后，北方设计院也将持续关注以及回访客户，检验设计成果是否达到设计目的。项目在设施设备、位置空间等方面做了预留，将来可以通过升级改造，有望通过更高等级的绿色建筑评价认证及 LEED 认证。随着环保制冷剂开发研究的深入，新材料、新设备的投入使用，运行管理自动化、智能化程度的提升，以及 AI 技术的植入等，我国绿色节能冷库的发展将会走向全面数字化、科技化、高端化。助力国家"双碳"目标，推动绿色节能冷库建设需要冷链物流行业的伙伴共同参与、共同探索。北方设计院将秉承初心，坚持推广绿色节能技术的开发与应用，致力于绿色节能冷库、低碳物流园区、零碳物流园区的建设，为冷链物流行业的发展提供技术保障。

北方工程设计研究院有限公司　李国仪、席立、尤永金

海华永泰 律所 | 金融仓储质权人与监管人的义务界定与责任承担

一、案例简介

（一）案情介绍

借款人（出质人）与银行签订借款合同，其向银行借款 2000 万元；监管人、银行、借款人签订《动产质押监管协议》（以下简称"协议"），约定银行委托监管人对质物进行监管，该批质物价值 2500 万元，用以担保借款实现。协议约定：（1）监管期间为自协议生效质物转移占有完成时至借款到期后 3 个月。（2）监管期限为自协议签章生效之日起共计 12 个月。同时，双方还签订《动产质押质物监管方案》（以下简称"方案"），约定监管人采取相应方案对质物进行监管。

借款人到期未还钱，银行起诉借款人等（不包含监管人），并申请诉前保全，该诉前保全财产中不包含涉案质物，最终银行、借款人达成调解协议，银行给予借款人一定的宽限期，宽限期满，借款人依然未履行还款义务，银行也未对质物采取执行措施。

后续银行向法院起诉监管人，要求监管人承担 2000 万元的还款责任。

（二）焦点

1. 监管期限届满后 3 个月内的质物损失，监管人是否承担赔偿责任
2. 监管期限最后一天质物的损失，监管人是否承担赔偿责任

（三）法院论理

1. 监管期限届满后 3 个月内的质物损失，监管人是否承担赔偿责任

依法成立的合同，对当事人具有法律约束力。监管人依据双方约定及收取监管费的记账联主张其有偿监管期限为 12 个月，监管期限届满后 3 个月为义务监管期间的证据充分，本院予以确认。

根据双方合同约定，监管人对义务监管期间发生的任何损失不承担监管责任，对此本院予以支持。

2. 监管期限最后一天质物的损失，监管人是否承担赔偿责任

对于监管期限最后一天质物的损失，根据双方盖章确认的方案的约定，银行接到监管人的报告后，应及时采取相应措施，保证质物安全，否则由此引起的一切后果与监管人无责，

同时监管责任自动终止并解除。

根据协议第 12 条的约定，贷款到期后，如借款人未按期全部归还借款本息，银行应在贷款到期后 30 日内采取处置措施，包括拍卖、变卖质物以及诉讼保全措施等，否则，由此引起的一切后果与监管人无责，同时监管责任自动终止并解除。

监管人履行有偿监管职责的最后一天，监管人向银行提交质物库存不足的监管报告，银行在接到监管报告明知质物库存不足的情况下，未按约及时采取措施，由此造成的质物损失应由银行承担，银行要求监管人承担赔偿责任亦证据不足，本院不予支持。

二、律所办案札记

（一）调取证据，寻找突破点

上海市海华永泰（青岛）律师事务所董杰律师团队（以下简称"律师团队"）① 在接受委托后，得知此前有一个类案在该法院已经宣判，判决监管人承担全部赔偿责任。在法院已有"先例"可循的情况下，对监管人的心理、案件的预判等都产生了一定程度的影响。律师团队多次奔赴现场寻找线索、调取另案（指银行起诉借款人的案件）的案卷材料查看，在比对过程中，律师团队发现本案中存在两份不一样的合同，监管人手中的协议出现多处空白，没有填写相关信息，如监管期限未填写；而银行提交的协议信息填写完整，明确监管期限 12 个月及起始时间。

结合协议中存在"监管期限""监管期间"等表述，律师团队提出协议中监管责任区间分为有偿的监管期限（12 个月）、义务的监管期间（借款到期后 3 个月），至此，案件取得重大突破。在另案的案卷中，律师团队取得银行怠于行权的证据材料。律师团队指导客户收集证据，和现场监管员多次沟通，后从监管员的手机中发现了最后一天三方盘点的现场照片。

（二）寻找法律支撑

案由② 体现了法律关系，法律关系在一定程度上决定案件要适用的法律规定和双方的举证责任分配，这都影响着案件的胜败走向。本案中协议属于无名合同③，此前司法实践中，法院经常将其按照"仓储合同""保管合同"来认定，《〈全国法院民商事审判工作会议纪要〉理解与适用》认为"监管人承担的基础在于委托监管协议，而委托监管协议是委托合同"。

《中华人民共和国民法典》生效后，《最高人民法院关于适用〈中华人民共和国民法典〉

---

① 上海市海华永泰（青岛）律师事务所董杰律师团队：在全国范围内，为金控、供应链、监管、仓储、保理、基金、融资租赁、贸易等公司提供常年或专项法律服务，以专业、敬业获得良好口碑，实现持续性发展。律师团队曾发表论文近 30 篇，获得中国法学会三等奖、山东律师优秀论文一等奖、二等奖，入选《山东大学法律评论》等重点期刊，出版《法说公司》等 4 本法律专业书籍。曾成功经办了大量疑难、复杂、有影响力的诉讼案件和非诉项目，如广州某企业质押监管合同纠纷、烟台某企业质押监管合同纠纷、德州某企业质押监管合同纠纷、国务院十八部委创新课题浙江海港集团区块链供应链金融项目、山东港口集团智慧供应链项目、天津东疆集团物流金融平台项目等，这些案例对行业规范发展、司法裁判、司法解释出台等均产生积极影响。

② 案由：指人民法院对诉讼案件所涉及的法律关系的性质进行概括后形成的案件名称。

③ 无名合同：指《中华人民共和国民法典》合同编第二分编明文规定的"典型合同"之外的合同。

有关担保制度的解释》再次强调"监管人承担责任的基础是委托监管协议，而委托监管协议在性质上属于委托合同"。依据《最高人民法院第二巡回法庭法官会议纪要》第6节"质物监管纠纷中监管人的责任认定"载明："质物监管协议属于委托合同。"质物监管责任的归责原则应按《中华人民共和国民法典》第九百二十九条处理，即采取过错责任原则。如监管人已尽妥善监管义务，质物的损毁灭失并非其主观过错所致，则监管人不承担监管责任。

本案中，虽然案由未作为争议焦点，法院没有明确阐明监管人和金融机构之间的法律关系，但实际上判决采信了律师团队的观点，即监管人和金融机构之间是委托关系，在监管人有过错的情况下，监管人才承担相应责任。

（三）经 12 小时激烈庭审交锋，取得胜诉判决

经过大量的案例、法规检索，结合此前类案代理经验、本案具体情况，形成完整的答辩思路，并组成清晰的证据资料提交法庭。庭审中和银行展开了激烈的交锋，因案件材料较多，且双方争议较大，历经 12 小时的庭审，最终说服法庭认可律师团队关于有偿的监管期限和义务的监管期间等说法，成功帮助监管人取得胜诉判决。

三、行业经验教训

（一）监管人与金融机构应理清权利义务，互相成就

动产质押监管业务是缓解中小企业融资难、融资贵的有效途径之一。现实中，尽管陆续出现了一些风险事件，在一定程度上影响了动产质押监管业务的发展。但是，随着司法机构积累了大量的司法案件，对动产质押监管业务有了更深刻的认识和理解，对于不断理清各方关系及权利义务产生积极的作用。中国仓储与配送协会和中国银行业协会多年来一直共同推动担保存货第三方管理的规范化与存货（仓单）融资服务体系的建设，并且取得了显著效果。国家更是多次发文，鼓励动产融资和权利融资，如《中国银保监会 中国人民银行关于推动动产和权利融资业务健康发展的指导意见》等，监管人和金融机构之间应在明确双方权利和义务的基础上，加强合作、相辅相成、互相成就。

（二）金融机构不能"一托了事"

金融机构应审核质物数量、重量、质量等。《中华人民共和国商业银行法》第三十六条、原中国银行业监督管理委员会制定的《商业银行押品管理指引》第二十五条均对银行就质物进行调查作出了规定，金融机构应注重对质物的核查。目前司法实践中也已基本形成共识，动产质押监管合同系委托合同关系。金融机构作为委托人，不能"一托了事"，其作为专业信贷机构，本身对质物的重量、质量等有法定审查的义务。另外，监管人作为银行的受托人，在借款人无法按期还款，甚至开始转移质物时，能做的较为有限，金融机构作为委托方，需要及时行权，避免损失扩大等。

建议金融机构加强对动产质押监管业务的认识。贷前，金融机构可以选择有担保存货管理资质、成熟经验、合作较好、赔付能力较强的监管人；贷中，金融机构应在质物交付初始

阶段对质物数量、质量等进行核实；贷后，金融机构可以利用大数据风控手段加强对质物的管控，如改造金融监管仓、在出质人厂区加装摄像头、电子围栏等。出现风险事件时，积极派人应对、处理；出质人出现借款逾期、多个债权人哄抢质物时，及时行使抵/质押权，采取包括但不限于诉讼、诉前保全、质物拍卖变卖等措施。

（三）监管人应尽职履责、存证留痕

监管人作为受托人，建议其建立标准化的动产质押监管业务体系，明确各阶段的标准化动作、系统梳理协议条款。

业务开展前，监管人系统梳理协议条款，明确无法做到事项或不利条款，与银行积极沟通、调整。无法调整的，在履约时应注意予以特别关注。签约后，在接收质物时应注意核实数量等是否正确，如有异议及时反馈金融机构。

业务开展中，监管人应注意尽职履责，及时向金融机构报送各项数据，具体以协议约定为准，并注意留存相关材料，如日报表、监管台账、监管日志、打卡照片、监控视频与金融机构的邮件往来记录等。在紧急情况下，如出现第三方抢货、盗货等情况，应注意立即通报金融机构，可采取风险告知函、风险预警等形式（注意书面留痕），报警并采取一定的阻拦措施（合同中建议明确约定），采取阻拦措施时也应注意避免影响公共秩序。

业务结束前，和金融机构做好交接或协助金融机构做好质物处置时的出库工作，具体以协议约定为准。

从上至下形成共识，各方共同努力，整个行业才能有序、稳健地发展。

董杰律师，上海市海华永泰（青岛）律师事务所高级合伙人、二级律师、山东省律师协会公司法律专业委员会副主任、山东大学法学院实务教师、青岛仲裁委员会仲裁员、济南仲裁委员会仲裁员、北海仲裁委员会仲裁员，荣获 2023《亚洲法律杂志》ALB China 环渤海地区十五佳律师新星、青岛市十佳优秀青年律师、青岛市十佳公益律师、青岛市优秀律师、山东省七五普法先进个人等称号。

第四部分

综合资料汇编

2023 年中国仓储配送行业十件大事

一、中共中央 国务院印发《质量强国建设纲要》，提出发展智慧物流、供应链物流，为仓储配送行业发展指明方向

2023 年 2 月 6 日，中共中央 国务院印发《质量强国建设纲要》，明确持续增强产业质量竞争力、服务业供给有效满足产业转型升级和居民消费升级需要的发展目标，并提出要积极发展智慧物流和供应链物流、提高现代物流服务能力、增强产业链集成优势等重点任务。《质量强国建设纲要》围绕增强质量发展创新动能、树立质量发展绿色导向、加强质量基础设施能力建设、提升全面质量管理水平、提高生产服务专业化水平、提升公共服务质量效率等方面，进一步强调以互联网和供应链思维提升现代化能力的核心，对仓储配送行业推动实现高质量发展予以指导。

二、"数智大模型"投入应用，为仓储配送行业发展带来变革

2023 年，多家企业相继发布物流领域"大模型"。其中，菜鸟供应链发布基于大模型的数字化供应链产品"天机 π"，通过菜鸟算法+基于大模型的生成式 AI 辅助决策，在销量预测、补货计划和库存管理等方面实现提质增效；京东推出物流大模型应用"京东物流超脑"在交互、分析、决策上进行 3D 仓储布局，在运营异常时提供改善性建议以及为供应链计划进行辅助性决策；福佑卡车与腾讯联合打造端到端的 OCR 智能识别大模型，可实现物流货运证件和各类回单的智能识别与自动处理，并为货运物流需求预测和市场趋势分析提供支持，辅助"福佑大脑"智能中台做出更明智的决策。大模型在仓配领域的应用，彻底改变了人工"经验"决策方式，用数智化手段促进物流网络数实融合，推动仓配业务重塑，为仓配全链路运营效率、降低成本、提升服务体验和业务创新带来变革。

三、电商仓配、即时配送、物流科技等领域出现"对手变队友"现象，在竞争中寻求合作共赢

2023 年，京东全面开放物流接口，极兔、申通等相继接入京东平台；美团外卖与顺丰同城、闪送、UU 跑腿合作，共建即时配送行业生态；海柔创新与旷视科技、壹悟科技合作，共同提供"托—箱—件"的柔性综合解决方案。在互联网背景下，跑马圈地、低价竞争等做法

已不适用，企业之间取长补短、求同存异、相互协作才是可持续发展的道路。

四、各级政府部门加大低碳发展力度，仓配绿色化成为行业大势

2023年，国家部委、地方政府部门相继发布碳达峰、碳排放、碳交易等建议及工作方案20余项，绿色化已成为仓配企业高质量发展的重要内容。行业协会评价的绿色仓库已达5000万平方米；数十个光伏发电、绿色电力仓库投入市场。中国外运、宝湾、日日顺、京东、顺丰等10家物流企业陆续披露ESG报告；满帮上线货运领域首个"碳账户"平台，设立专项资金，发放绿色权益，助推有效运输里程增加，降低单位碳排放量；京东物流发布供应链碳管理平台SCEMP，基于运输工具的真实轨迹，以最小颗粒度计算物流运输碳足迹。

五、冷链仓储遭遇"冰火两重天"，部分冷链企业面临生存与发展困境

2021—2023年，国家发展改革委、农业农村部、财政部、中华全国供销合作总社等多部门资金支持冷链设施建设，20余个省发布冷链相关专项规划或发展实施方案。在政策支持与资金加持的背景下，全国冷库建设进入井喷阶段，全国冷库规模增长明显，但因食品进出口贸易低迷、国内冷链消费需求尚未完全释放等因素的共同作用，全国各地冷库在不同程度上出现高空置率、低价恶性竞争的局面，与冷库基础设施建设火热形成鲜明对比。

六、金融仓储领域首次发布生态图谱

2023年11月，中国仓储与配送协会、华夏银行、中仓登数据服务有限公司在"2023中国金融仓储创新发展大会"上，向行业发布金融仓储生态建设成果及计划，并首次发布"2023金融仓储生态图谱"。图谱中明确了金融仓储业务涉及的各类主体类型（包括金融仓储企业、金融机构、科技企业、供应链管理企业、交易所、基础设施、支持性服务机构、地方政府等），厘清了业务主体之间的关系与责任边界，通过对金融仓储行业进行全景与结构展示，有效规避因主体多样导致职责不清晰等问题，让各类业务主体在金融仓储业务中明确自身的发展定位、找到未来发展路径。

七、海外仓配领域头部聚集效应越发明显，海外仓配企业向跨境物流全链路解决方案服务商发展

2023年11月28日，全球首个以供应链为主题的国家级展会"中国国际供应链促进博览会开幕式暨全球供应链创新发展论坛"成功召开，国务院总理李强提出共同构筑安全稳定、畅通高效、开放包容、互利共赢的产业链供应链的倡议，坚定了发展全球产业链供应链的决心。部分中小海外仓企业逐渐退出市场，纵腾集团、乐歌股份等海外仓头腰部企业因强运营管理能力、抗风险能力等聚集效应越发明显，服务功能逐步完善，服务水平不断提升，服务

内容逐步向"集、运、存、销、送"全链路方向蓬勃发展。

八、即时配送进入盈利期

2023 年，即时配送头部企业顺丰同城、达达集团均实现盈利，盈利原因可归结为即时配送订单的持续增长、规模经济效应的实现，以及物流数智化应用促进精益化运营。为增强客户粘度、进一步促进消费，以商超、餐饮为代表的线下门店持续扩展线上业务，小象超市（原美团买菜）、闪电购、叮咚买菜等近场电商持续扩城布局，"门店一体仓/前置仓+即时配送"模式拉动了即时配送需求的增长。

九、货运平台开始取消保证金，保障平台货运司机权益

交通部多次约谈网络货运平台企业，进一步健全经营策略，调整评估机制，全面做好风险评估和论证，切实保障平台货运司机的权益。2023 年 9 月，滴滴货运宣布正式取消保证金，成为业内首个打破保证金制度的平台。同城货运平台取消保证金，一方面给予平台货运司机更多的尊重和选择权，减轻平台货运司机的经济负担和压力，增强平台货运司机的忠诚度和粘性，吸引更多的新司机加入；另一方面保障平台货运司机的切实利益，能够最大限度地激发平台货运司机的积极性。

十、路凯集团与布兰堡集团完成中国业务合并，标准化物流容器循环共用进一步深化

2023 年 4 月，路凯集团与布兰堡集团对外宣布，已完成了其在中国内地及中国香港的托盘、生鲜周转筐与汽车零部件包装等物流载具的循环共用业务合并，双方业务层面的融合正在稳步推进中。作为全球历史悠久的两家专业托盘循环共用服务商，路凯集团与布兰堡集团对中国业务的合并将最大化地实现规模效应和协同效应，打破边界，打通堵点，打造更具规模的标准循环载具共用池、更优化的营运网络布局以及更多元化的专业人才队伍，推动中国托盘市场从静态租赁模式向带板运输场景下动态流转模式的转变，加速推进中国托盘标准化（尺寸规格 1200mm×1000mm）以及托盘循环共用市场发展。

2023 年仓储配送相关政策目录

序号	成文时间	政策名称	文号
1	2023 年 1 月	商务部办公厅 市场监管总局办公厅关于印发国家级服务业标准化试点（商贸流通专项）第一批典型经验做法的通知	商办建函〔2023〕15 号
2	2023 年 1 月	工业和信息化部等八部门关于组织开展公共领域车辆全面电动化先行区试点工作的通知	工信部联通装函〔2023〕23 号
3	2023 年 2 月	中国人民银行 交通运输部 中国银行保险监督管理委员会关于进一步做好交通物流领域金融支持与服务的通知	银发〔2023〕32 号
4	2023 年 3 月	关于继续实施物流企业大宗商品仓储设施用地城镇土地使用税优惠政策的公告	财政部 税务总局公告 2023 年第 5 号
5	2023 年 3 月	关于进一步推进基础设施领域不动产投资信托基金（REITs）常态化发行相关工作的通知	
6	2023 年 3 月	交通运输部办公厅 财政部办公厅关于做好 2023 年国家综合货运枢纽补链强链申报工作的通知	交办规划函〔2023〕363 号
7	2023 年 5 月	关于实施汽车国六排放标准有关事宜的公告	2023 年第 14 号
8	2023 年 6 月	关于做好 2023 年国家骨干冷链物流基地建设工作的通知	
9	2023 年 6 月	关于延续和优化新能源汽车车辆购置税减免政策的公告	财政部 税务总局 工业和信息化部公告 2023 年第 10 号
10	2023 年 7 月	农业农村部办公厅关于继续做好农产品产地冷藏保鲜设施建设工作的通知	农办市〔2023〕6 号
11	2023 年 8 月	国家发展改革委等五部门关于布局建设现代流通战略支点城市的通知	
12	2023 年 9 月	关于公布 2023 年全国商贸物流重点联系企业名单的通知	
13	2023 年 10 月	交通运输部办公厅 国家邮政局办公室关于公布第四批农村物流服务品牌的通知	交办运函〔2023〕1519 号
14	2023 年 11 月	关于印发《深入推进快递包装绿色转型行动方案》的通知	发改环资〔2023〕1595 号

2023 年仓储配送相关标准目录

标准级别	序号	标准编号	制修订	标准名称	发布/归口单位
国家标准	1	GB/T 3716-2023	修订	托盘术语	全国物流标准化技术委员会
	2	GB/T 42500-2023	制定	即时配送服务规范	全国物流标准化技术委员会
	3	GB/T 42501-2023	制定	逆向物流服务评价指标	全国物流标准化技术委员会
	4	GB/T 42502-2023	制定	医药物流质量管理审核规范	全国物流标准化技术委员会
	5	GB/T 42503-2023	制定	农产品产地冷链物流服务规范	全国物流标准化技术委员会
	6	GB/T 43283-2023	制定	快递循环包装箱	全国邮政业标准化技术委员会
	7	GB/T 43290-2023	制定	电子商务逆向物流通用服务规范	全国物流标准化技术委员会
	8	GB/T 43291-2023	制定	跨境电子商务海外仓运营管理要求	全国物流标准化技术委员会
行业标准	9	GH/T 1433-2023	制定	果品冷库、气调库管理规范	中华全国供销合作总社
	10	WB/T 1130-2023	制定	物流大数据共享系统功能通用要求	国家发展和改革委员会
	11	WB/T 1131-2023	制定	汽车零部件入厂物流 质损判定及处理规范	国家发展和改革委员会
	12	WB/T 1132-2023	制定	电动汽车动力蓄电池物流服务规范	国家发展和改革委员会
	13	WB/T 1133-2023	制定	企业应急物流服务能力评估指标	国家发展和改革委员会
	14	WB/T 1134-2023	制定	物流企业绿色物流评估指标	国家发展和改革委员会
	15	WB/T 1135-2023	制定	物流企业温室气体排放核算与报告要求	国家发展和改革委员会
	16	WB/T 1136-2023	制定	新能源汽车废旧动力蓄电池 物流追溯信息管理要求	国家发展和改革委员会
	17	WB/T 1137-2023	制定	轻型穿梭式货架	国家发展和改革委员会
	18	WB/T 1138-2023	制定	智能仓储管理规范	国家发展和改革委员会
团体标准	19	T/CAPSCA 0001-2023	制定	农产品仓储保鲜冷库验收及检测方法	成都农产品供应链协会
	20	T/CASME 502-2023	制定	跨境电商智能电子仓储管理与服务要求	中国中小商业企业协会
	21	T/CASME 783-2023	制定	冷链食品仓储物流管理规范	中国中小商业企业协会
	22	T/CASME 992-2023	制定	仓储物流搬运机器人	中国中小商业企业协会
	23	T/CCCA 0008-2023	制定	冷库消杀技术规范及操作指南	中关村绿色冷链物流产业联盟
	24	T/CCCA 0009-2023	制定	冷链物流园区光伏发电系统技术规程	中关村绿色冷链物流产业联盟
	25	T/CCCA 0010-2023	制定	冷库自动化装卸设备通用技术条件	中关村绿色冷链物流产业联盟
	26	T/FAIF 001-2023	制定	预制菜常温配送管理规范	佛山市农业产业联合会
	27	T/FAIF 002-2023	制定	预制菜冷链物流管理规范	佛山市农业产业联合会

续表

标准级别	序号	标准编号	制修订	标准名称	发布/归口单位
团体标准	28	T/GSQA 004-2023	制定	商贸流通供应链仓配一体化服务管理要求	甘肃省质量协会
	29	T/GZLPA 001-2023	制定	绿色仓储技术规范	广州市物流技术与应用协会
	30	T/HEBQIA 198-2023	制定	冷链仓储服务	河北省质量信息协会
	31	T/NSSLA 2-2023	制定	物流仓储服务规范	广州市南沙区航运物流行业协会
	32	T/QASE 002-2023	制定	叉车经常性维护保养和定期自行检查实施指南	青岛市特种设备协会
	33	T/QGCML 2811-2023	制定	物流仓储管理系统应用技术规范	全国城市工业品贸易中心联合会
	34	T/QGCML 2813-2023	制定	智能仓储管理系统操作规范	全国城市工业品贸易中心联合会
	35	T/SDAS 683-2023	制定	商贸物流园区服务管理要求	山东标准化协会
	36	T/SDAS 685-2023	制定	商贸流通仓单信息管理要求	山东标准化协会
	37	T/SDAS 686-2023	制定	临沂商城商贸流通仓配一体化管理要求	山东标准化协会
	38	T/SDAS 687-2023	制定	商贸物流载具循环共用管理规范	山东标准化协会
	39	T/SDAS 689-2023	制定	电商云仓运营管理要求	山东标准化协会
	40	T/SDWL 0002-2023	制定	智慧物流园区停车系统功能要求	山东省物流与交通运输协会
	41	T/SHDSGY 107-2023	制定	医药冷链物流服务规范	上海都市型工业协会
	42	T/SHDSGY 155-2023	制定	医药冷链运输服务规范	上海都市型工业协会
	43	T/SHWL 000006-2023	制定	月台用液压装卸平台通用技术条件	上海市物流协会
	44	T/ZHWL 3-2023	制定	物流单证基本样式指南	珠海物流与采购商会
	45	T/ZJCCXH 006-2023	制定	智慧物流园区评价体系	浙江省仓储行业协会
	46	T/ZJCCXH 007-2023	制定	物流园区智慧大脑建设要求	浙江省仓储行业协会

2023 年主要物流城市仓库租金和空置率

城市	租金（元／（平方米·月））			空置率（%）		
	最大	最小	平均	最大	最小	平均
北京	45.37	44.12	44.60	18.53	14.09	16.06
上海	46.35	45.67	45.93	17.74	14.79	15.74
深圳	39.45	38.20	38.53	12.72	8.09	10.60
苏州	37.17	36.64	36.83	24.72	15.28	20.45
杭州	31.18	30.71	31.01	13.48	9.14	11.90
宁波	28.12	27.79	27.99	21.99	18.94	19.81
广州	32.53	32.09	32.30	14.95	10.00	12.29
东莞	34.55	33.12	34.05	13.97	1.83	7.19
南京	29.25	28.14	28.93	13.79	12.25	13.05
佛山	31.16	30.70	30.79	9.53	4.81	7.47
嘉兴	30.38	29.82	30.18	26.01	19.14	22.86
长沙	26.08	25.81	25.94	14.74	9.11	12.53
天津	19.14	17.52	18.42	27.48	24.06	25.44
无锡	31.12	30.68	30.86	10.25	3.02	5.84
大连	15.33	14.69	15.13	30.74	27.30	29.35
长春	13.71	13.20	13.54	25.70	22.23	23.95
重庆	23.35	22.55	22.92	19.10	14.54	17.20
武汉	22.90	22.22	22.65	18.92	15.24	17.10
郑州	21.71	20.66	21.36	14.44	11.39	13.26
沈阳	18.47	18.06	18.35	17.66	14.62	16.25
合肥	24.84	24.06	24.40	9.65	4.67	7.40
昆明	23.87	23.47	23.70	12.43	7.75	10.06
哈尔滨	20.17	18.40	19.25	26.04	22.15	24.03
成都	22.98	22.65	22.83	11.56	10.18	10.95
青岛	27.19	20.99	21.77	11.19	8.80	9.95
西安	20.85	20.04	20.35	8.49	5.32	6.54
贵阳	20.36	19.84	20.19	11.95	8.32	9.81
太原	17.50	16.62	17.16	17.84	11.45	13.84

续表

城市	租金（元／（平方米·月））			空置率（%）		
	最大	最小	平均	最大	最小	平均
济南	21.77	21.27	21.54	28.45	20.58	23.05
南昌	19.44	19.01	19.20	16.30	9.11	12.41
石家庄	16.05	15.73	15.89	25.75	17.68	20.66
兰州	18.02	17.85	17.89	10.01	6.96	8.05
福州	26.72	25.93	26.41	13.69	9.67	11.82
海口	26.01	25.48	25.84	14.81	10.90	12.20
呼和浩特	15.88	15.85	15.86	28.45	28.44	28.44
南宁	21.05	20.13	20.74	28.58	27.15	28.07
厦门	30.96	30.51	30.80	15.73	10.82	13.48
唐山	17.66	17.56	17.62	22.77	22.55	22.66
乌鲁木齐	19.84	19.68	19.74	25.08	21.31	22.87
西宁	17.17	17.17	17.17	18.17	18.17	18.17
银川	14.03	13.80	13.96	16.94	13.90	14.92

2023 年生产和流通主要行业
库存周转次数

　　库存管理是供应链管理的核心内容，是生产和流通企业合理利用库存资源、提高资金使用效率、提升竞争力的重要手段之一，也是降低社会物流成本的主要因素。

　　库存周转次数（ITO）是能够体现企业库存结构优化效果的参照值。中国仓储与配送协会通过测算行业 ITO，为生产和流通企业管理库存提供参考。根据《国民经济行业分类》，从中筛选出批发业、零售业和 22 个生产制造行业，基于 3608 家上市公司的公开财务报表，测算行业 2020—2023 年化 ITO（见下表）。

序号	行业	2020 年	2021 年	2022 年	2023 年
1	批发业	11.64	13.15	11.99	10.02
2	零售业	4.56	5.24	4.88	5.03
3	食品制造业	5.92	6.81	6.50	6.39
4	酒、饮料和精制茶制造业	2.19	2.89	2.43	2.54
5	纺织业	3.40	3.93	3.68	3.94
6	纺织服装、服饰业	2.07	2.41	2.22	2.13
7	皮革、毛皮、羽毛及其制品和制鞋业	1.64	2.10	1.99	2.16
8	木材加工和木、竹、藤、棕、草制品业	2.12	2.70	2.70	3.04
9	家具制造业	4.80	5.14	4.71	4.92
10	造纸和纸制品业	5.78	6.61	6.36	5.96
11	文教、工美、体育和娱乐用品制造业	4.54	4.95	4.73	4.25
12	化学原料及化学制品制造业	6.43	7.57	7.12	6.48
13	医药制造业	2.37	2.61	2.61	2.34
14	化学纤维制造业	5.64	6.29	5.82	5.88
15	橡胶和塑料制品业	4.44	4.88	4.40	4.15
16	非金属矿物制品业	4.98	5.08	4.22	4.48
17	金属制品业	3.40	4.05	3.62	3.52
18	通用设备制造业	2.55	2.84	2.42	2.49
19	专用设备制造业	2.10	2.17	1.97	1.84

续表

序号	行业	2020 年	2021 年	2022 年	2023 年
20	汽车制造业	4.23	4.70	4.15	4.26
21	铁路、船舶、航空航天和其他运输设备制造业	2.92	3.07	2.82	2.75
22	电气机械和器材制造业	3.97	4.39	4.26	4.28
23	计算机、通信和其他电子设备制造业	3.77	4.06	3.49	3.40
24	仪器仪表制造业	2.13	2.07	1.78	1.77

第五部分

优质企业推荐

2023 年星级仓库

根据国家标准《通用仓库等级》（GB/T21072）、《中国通用仓库等级评定办法》规定，经企业自愿申报、中国仓储与配送协会标准化评价办公室初审和现场审定，且公示无异议，确定 2023 年获得"星级仓库"称号的企业库区如下表所示。

序号	库区名称	星级
1	江苏中烟工业有限责任公司徐州卷烟厂原料周转库	五星级
2	杭州临港物流有限公司临港仓库	五星级
3	甘肃公航旅金融仓储有限公司金融仓储基地	五星级
4	安博仁良（杭州）仓储有限公司安博杭州仁和物流中心库区	五星级
5	国家粮食和物资储备局湖北局三三八处库区	五星级
6	湘中诚通物流有限公司中国物流娄底诚通现代物流园一期库区	五星级
7	国网南京供电公司周岗仓库	五星级
8	航港发展有限公司航港物流园库区	五星级
9	中国移动通信集团江西有限公司江西移动临空物流信息港	五星级
10	中国移动通信集团内蒙古有限公司中国移动呼和浩特数据中心 C01 库区	五星级
11	山东裘源皮毛交易有限公司华东仓储物流园库区	五星级
12	九江网营物联供应链有限公司仓储运营中心	五星级
13	中国移动通信集团广西有限公司物流中心园区	五星级
14	成都安新仓储有限公司安博新都国际物流港	五星级
15	中国移动通信集团河南有限公司河南移动驻马店恒兴物流园库区	五星级
16	北京环博达物流有限公司北京环博达物流园	五星级
17	株洲中车物流有限公司物流基地库区	五星级
18	中国供销集团南通供销产业发展有限公司南通供销产业园库区	五星级
19	宁乡县阳光联运服务有限公司阳光联运长沙仓储中心	五星级
20	山东润邦国际物流集团有限公司润邦物流集团齐河库区	五星级
21	国网天津市电力公司物资公司供应链服务智慧园区	五星级
22	中国移动通信甘肃有限公司兰州中心库	五星级
23	湖南即时配供应链管理有限公司湖南即时配长沙开福仓	五星级
24	湖南阳驰供应链管理有限公司阳驰供应链中心仓	五星级

续表

序号	库区名称	星级
25	哈尔滨农垦嘉圣物流园区有限公司嘉圣国际物流城库区	五星级
26	宁波富立物流有限公司富立考拉仓	五星级
27	大连川盛国际物流有限公司川盛国际物流大连仓储中心	五星级
28	大连捷通物流有限公司捷通物流淮河西路库区	五星级
29	江西康龙实业有限公司修水县康龙库区	三星级
30	江西万福实业集团股份有限公司修水县万福库区	三星级
31	湖南千金医药股份有限公司药品食品物流中心	五星级
32	南方电网供应链（广东）有限公司南方电网广东江村区域仓	五星级
33	中国移动通信集团湖北有限公司荆州分公司湖北移动鄂西南大区库	五星级
34	中国移动通信集团浙江有限公司绍兴分公司浙江移动绍兴市库	三星级
35	中国移动通信集团浙江有限公司杭州分公司浙江移动杭州市库	五星级
36	中国移动通信集团浙江有限公司宁波分公司浙江移动宁波 RDC 仓库	五星级
37	安博诚置仓储（东莞）有限公司安博东莞石排物流中心	五星级
38	湖南鲜橙供应链管理有限公司鲜橙云仓集配中心	五星级
39	中国移动通信集团西南大区物流中心	五星级
40	中通服供应链管理有限公司江西分公司中心库	五星级
41	中国移动通信集团湖北有限公司湖北省级物流中心	五星级
42	沃太（武汉）仓储有限公司安博武汉江夏物流中心	五星级
43	南京水务集团有限公司禄口仓库	四星级
44	深圳德坤物流有限公司东莞大坪枢纽中心	五星级
45	昆山瀚宇国际物流服务有限公司总部仓	五星级
46	江苏亚东朗升国际物流有限公司昆山库区	五星级
47	江苏昊鹏物流有限公司平湖 DC 仓库	五星级
48	湖南省吉安特环保科技投资有限责任公司总成车间 /封装车间	四星级
49	中国移动通信集团湖南有限公司娄底分公司湖南移动娄底分公司仓库	五星级
50	江西省江天农博城发展有限公司江天农博城骨干冷链物流基地	四星级
51	湖南金霞粮食产业有限公司金霞粮食物流园库区	五星级
52	湖南高星物流园开发有限公司湖南高星物流园 2#室内库	五星级
53	湘潭市花园林产品交易市场有限公司林产品商贸物流中心仓储区	三星级
54	云通物流服务有限公司云通物流总仓	五星级
55	安博金闻（苏州）仓储有限公司安博金闻物流中心	五星级
56	德兴市东东商贸有限公司银鹿工业园区	四星级
57	昆山飞力仓储服务有限公司昆山飞力仓储综保区库区	五星级

序号	库区名称	星级
58	佛山市黄氏亿邦供应链管理有限公司棉纱供应链仓储中心	五星级
59	老百姓大药房连锁股份有限公司老百姓大药房长沙库区	五星级
60	湖南省弘广物流集团有限公司弘广智慧物流园	五星级
61	湖南安迅物流运输有限公司安迅物流醴陵经开区库区	五星级
62	国网浙江省电力有限公司湖州供电公司国网湖州供电公司创业仓库	五星级
63	湖南首邦公路港物流有限公司株洲市现代综合物流园	五星级
64	聊城盖氏邦晔物流有限公司聊城盖氏邦晔物流园	五星级
65	山东顺和国际物流有限公司标准智能仓	五星级
66	临沂天源国际物流有限公司物流仓储分拨中心	四星级
67	安博（西咸新区）仓储有限公司安博西安沣西物流中心	五星级
68	辽宁诚通物流有限公司沈阳智慧物流园	五星级
69	扬州完美日用品有限公司扬州完美生产基地库区	五星级
70	广州市广百物流有限公司中国南部物流枢纽园区	五星级
71	广州市广百物流有限公司人和基地库区	五星级
72	广州市广百物流有限公司东部基地库区	五星级
73	衡阳市雁城物流园有限公司雁城物流中心	五星级
74	国网江苏省电力有限公司盐城供电分公司良友路仓库	五星级
75	国网江苏省电力有限公司滨海县供电分公司港城路仓库	三星级
76	安博陆合（南京）仓储有限公司南京六合物流中心	五星级
77	成都安青仓储有限公司安博成都青白江物流中心	五星级
78	江西仙客来生物科技有限公司仙客来库区	三星级
79	宁波龙星物流有限公司龙星库区	五星级
80	中核（郑州）储运贸易有限公司302库区	三星级
81	中国移动通信集团江西有限公司赣州分公司江西赣州移动坚强仓库	五星级
82	重药控股湖南民生药业有限公司物流中心	五星级
83	江苏大地物流有限责任公司大地物流洪湖路仓库	五星级
84	中国移动通信集团辽宁有限公司省中心库	五星级
85	中通服供应链股份有限公司四川分公司温江第二物流基地四川电信成都分屯库	五星级
86	中通服供应链股份有限公司甘肃分公司物流园	三星级
87	中外运物流湖南有限公司湖南分拨中心	五星级
88	山东盖世济北国际物流有限公司山东盖世济北国际物流园区	五星级
89	国家粮食和物资储备局山东局三三四处库区	五星级
90	江西蓝海物流科技有限公司1号库区	五星级

续表

序号	库区名称	星级
91	山东赛恩电子商务有限公司工业品仓配一体化中转仓库	四星级
92	临沂智慧云仓运营管理有限公司兰山财金智慧云仓物流园项目（一期）	五星级
93	山东新明辉安全科技有限公司标准智能仓	五星级
94	江苏台达物流有限公司台达云仓（昆山）物流园区	五星级
95	江西双井贡实业有限公司双井贡库区	四星级
96	霸州市骥程供应链管理有限公司安博廊坊南产业园	五星级
97	国网山东省电力公司淄博供电公司供应链绿色数智发展示范基地	五星级
98	新疆龙海达物流有限公司美克筑嘉园区	五星级
99	上海发网供应链管理有限公司发网（苏州）汾湖嘉合仓	五星级
100	中国移动通信集团河北有限公司河北移动（保定）物流中心	五星级
101	广西钦州市祥龙物流有限公司祥龙配套物流园区	五星级
102	安博（郑州）仓储有限公司安博郑州空港国际物流中心	五星级
103	上饶市新华龙物流有限公司新华龙现代物流园	三星级
104	上饶辉霞物流有限公司辉霞物流带湖库区	三星级
105	上饶市中合农产品市场有限公司中国供销上饶农产品冷链物流园	五星级

注："五星级"为最高级别。

2023 年星级冷链集配中心

为提升冷链集配中心设施及管理标准化水平，推动冷链物流高质量发展，根据国家标准《仓储服务质量要求》（GB/T 21071）、《食品低温配送中心规划设计指南》（GB/T 38375）、《低温仓储作业规范》（GB/T 31078）、《冷库设计标准》（GB 50072）、《冷库管理规范》（GB/T 30134）与《冷链集配中心标准化评价办法（试行）》规定，经企业自愿申报、中国仓储与配送协会标准化评价办公室初审和现场评审，且公示无异议，确定 2023 年获得"星级冷链集配中心"称号的企业库区如下表所示。

序号	库区名称	星级
1	青岛海之鲜冷链物流有限公司青岛城阳库区	五星级
2	师帅（青岛）物流运营管理有限公司保税区库区	四星级
3	上海同华储运有限公司同华储运冷库	五星级
4	河南大河四季冷链物流有限公司郑州云仓冷库	五星级
5	天津融万冷链物流有限责任公司河南分公司郑州融万低碳冷链园	五星级
6	南京万纬冷链物流公司南京万纬 1 期冷库库区	五星级
7	天津融万冷链物流有限责任公司天津融万北辰低碳冷链园	五星级
8	启橙中国启橙济南历城冷链中心	五星级
9	河北冰峰供应链管理有限公司河北冰峰现代化温控仓配中心项目	五星级
10	苏州万致冷链物流有限公司万纬苏州相城冷链园区	五星级
11	徐州万纬冷链物流有限公司万纬徐州陆港冷链园区	五星级
12	宇培供应链管理集团有限公司芜湖宇培跨境冷链管理有限公司库区	五星级
13	上海锦江国际低温物流发展有限公司吴淞库区	五星级
14	山东中仓物流有限公司城阳普洛斯库区	五星级

注："五星级"为最高级别。

2023 年物资管理标准化仓库

　　根据国家标准《仓储服务质量要求》（GB/T 21071）、《通用仓库等级》（GB/T 21072）、《物资管理标准化仓库评价办法（试行）》规定，经企业自愿申报、中国仓储与配送协会标准化评价办公室初审和现场评审，且公示无异议，确定 2023 年获得"物资管理标准化仓库"称号的企业库区如下表所示。

序号	库区名称
1	国网天津市电力公司物资公司供应链服务智慧园区
2	中国移动通信集团内蒙古有限公司中国移动呼和浩特数据中心 C01 库区

2023 年绿色仓库

为贯彻落实国务院及相关部门关于加快绿色仓库建设、推动绿色仓储物流发展的有关精神，根据行业标准《绿色仓库要求与评价》（SB/T 11164）、《中国绿色仓库认定办法》，经企业自愿申报、中国绿色仓库认定委员会审核认定，且公示无异议，确定 2023 年获得"绿色仓库"称号的企业库区如下表所示。

序号	库区名称	级别
1	四川广汉宝湾国际物流有限公司青白江东宝湾物流园	一级（★★★）
2	山东渤宁苏宁易购商贸有限公司苏宁保税区物流中心	一级（★★★）
3	天津津宁易达物流有限公司北辰苏宁云仓	一级（★★★）
4	西安市高新区苏宁易达物流仓储有限公司苏宁高新物流中心	一级（★★★）
5	湖北苏宁物流有限公司苏宁东西湖物流中心	一级（★★★）
6	温州苏宁采购有限公司温州瓯江口苏宁云仓	一级（★★★）
7	中外运太仓国际物流有限公司中外运华东暨长江经济带运营总部项目	一级（★★★）
8	杭州万东仓储有限公司万纬杭州大江东园区	一级（★★★）
9	上海启裔安物联网科技有限公司启橙上海宝山冷链中心	二级（★★）
10	天津万疆冷链仓储有限公司万纬天津东疆港冷链园区	一级（★★★）
11	云南呈达冷冻食品物流有限公司东盟国际冷链物流中心	一级（★★★）
12	济南华芯仓储服务有限公司华芯环渤海区域高端冷链总部基地项目	一级（★★★）
13	昆明安领物流有限公司万纬昆明空港园区三期	一级（★★★）
14	琨瑶（天津）仓储服务有限公司天津琨瑶物流园	一级（★★★）
15	上海中临供应链管理有限公司万纬上海奉贤临港园区	一级（★★★）
16	杭州帝通实业有限公司万纬杭州钱塘冷链园区	一级（★★★）
17	河北瑞川物流有限公司 101 快递物流库	一级（★★★）
18	必康润祥医药河北有限公司现代医药物流中心一期	一级（★★★）
19	玉湖冷链物流（武汉）有限公司玉湖冷链（武汉）交易中心	一级（★★★）
20	浙江省烟草公司台州市公司卷烟配送中心	一级（★★★）
21	湘中诚通物流有限公司中国物流娄底诚通现代物流园一期仓储区	一级（★★★）
22	汤臣倍健股份有限公司全自动立体高架仓库	一级（★★★）
23	中外运物流宁波有限公司宁波保税物流中心	一级（★★★）
24	广西中物联合发展有限公司柳东汽车零部件供应链产业（广西）服务基地项目	二级（★★）
25	百利威现代供应链（成都）有限公司百利威（成都）园区	一级（★★★）
26	百利威现代供应链（重庆）有限公司百利威（重庆）园区	一级（★★★）

续表

序号	库区名称	级别
27	重庆万重渝空仓储有限公司重庆万纬临空冷链园区	一级（★★★）
28	百利威现代供应链（西安）有限公司百利威（西安）园区	一级（★★★）
29	国福现代供应链（西安）有限公司西安国福园区	一级（★★★）
30	西安宝湾国际物流有限公司西安临潼宝湾物流园	一级（★★★）
31	航港发展有限公司航港物流园区	一级（★★★）
32	天津普隐仓储服务有限公司武清高村现代农产品冷链示范园项目	一级（★★★）
33	天津隐东冷链仓储有限公司冷链物流园	一级（★★★）
34	徐州万纬冷链物流有限公司万科徐州淮海国际冷链智慧物流园	一级（★★★）
35	浙江省烟草公司湖州市公司湖州市卷烟配送中心	一级（★★★）
36	安徽省烟草公司阜阳市公司物流中心联合工房	一级（★★★）
37	中山市万福仓储服务有限公司万纬中山黄圃园区	一级（★★★）
38	宁波万晨仓储有限公司万纬宁波保税园区	一级（★★★）
39	无锡万纬仓储发展有限公司万纬无锡锡山园区	一级（★★★）
40	青岛万即供应链有限公司万纬青岛即墨园区	一级（★★★）
41	无锡市万庄物流有限公司万纬无锡新吴旺庄物流园	一级（★★★）
42	无锡市纬富物流有限公司万纬无锡硕放空港园区	一级（★★★）
43	南宁市万霖仓储服务有限公司万纬南宁良庆园区	一级（★★★）
44	南宁市万霖仓储服务有限公司万纬南宁良庆冷链园区	一级（★★★）
45	山东省港口集团潍坊港有限公司潍坊港粮食产业园区仓储设施（一期）项目	二级（★★）
46	重庆万吨冷储物流有限公司万吨商旅融合总部基地	二级（★★）
47	重庆凯尔国际冷链物流发展有限公司凯尔国际十万吨多功能冷冻冷藏库	一级（★★★）
48	临沂中储供应链有限公司仓库	一级（★★★）
49	国投山东临沂路桥发展有限责任公司河东华阳物流分公司公铁联运物流园区	一级（★★★）
50	天津海吉星中央大厨房物流配送有限公司万纬天津静海园区（二期）	一级（★★★）
51	天津海吉星冷链仓储有限公司万纬天津静海园区（三期）	一级（★★★）
52	天津万静仓储有限公司万纬天津静海园区（一期）	一级（★★★）
53	天津华康物流有限公司万纬天津宁河园区（一期）	一级（★★★）
54	金博（天津）建工有限公司万纬天津宁河园区（二期）	一级（★★★）
55	天津炫宏仓储有限公司万纬天津武清园区二期	一级（★★★）
56	天津万滨物流服务有限公司万纬天津滨海园区	一级（★★★）
57	武汉万物仓储管理有限公司万纬武汉阳逻园区	一级（★★★）
58	南宁十一仓储有限公司万纬南宁高新园区	一级（★★★）
59	南宁市新顺中桥成物流有限公司万纬南宁良庆保税园区	一级（★★★）

续表

序号	库区名称	级别
60	宁波前程供应链有限公司万纬宁波北仑园区	二级（★★）
61	宁波万博供应链管理有限公司万纬宁波新碶园区	二级（★★）
62	天津东方兴华科技发展有限公司万纬天津开发区物流园	二级（★★）
63	无限极（营口）有限公司原料包材及 NDC 仓库	一级（★★★）
64	沈阳万佳仓储有限公司万纬沈阳于洪冷链园区	一级（★★★）
65	石家庄双鸽圣蕴食品有限公司双鸽食品自动化冷库中心库	一级（★★★）
66	湖南夸特纳斯供应链管理有限公司夸特纳斯（长沙）国际食材集采集配中心	一级（★★★）
67	长沙百利威现代供应链有限公司百利威（长沙）园区	一级（★★★）
68	中储石家庄物流有限公司中储栾城物流园	一级（★★★）
69	长春万德供应链管理有限公司万纬长春新区园区	一级（★★★）
70	上海万吉冷藏有限公司万纬上海南桥冷链园区	一级（★★★）
71	国网冀北张家口风光储输新能源有限公司国家风光储输示范电站物资库房	一级（★★★）
72	海宁万纬仓储设施有限公司万纬嘉兴海宁高新区园区	一级（★★★）
73	上海百秋新洛杰斯供应链管理有限公司嘉兴物流中心库区	二级（★★）
74	维玉（上海）工程技术有限公司东久新宜嘉定维玉物流中心	一级（★★★）
75	中国移动通信集团湖北有限公司襄阳分公司鄂西北大区库	一级（★★★）
76	石家庄韵达电子商务有限公司中转运营仓库	一级（★★★）
77	河北旗明新材料科技有限公司汽车轻量化用钢及汽车部件仓储物流项目库区	一级（★★★）
78	石家庄运鼎驭捷汽车运输有限公司河北冰峰现代化温控仓配中心	一级（★★★）
79	石家庄科林电气设备有限公司原材及产成品库	一级（★★★）
80	安徽江汽物流有限公司 JAC 江汽物流新港中心	一级（★★★）
81	湖南百家汇仓储有限公司万纬长沙望城物流园	二级（★★）
82	江西万纬物流有限公司万纬南昌临空园区	一级（★★★）
83	河南港新冷链物流有限公司港新冷链综合保税区仓库	一级（★★★）
84	郑州市海创孵化器有限公司万纬郑州中牟园区	一级（★★★）
85	中国移动通信集团江西有限公司江西移动临空物流信息港	一级（★★★）
86	中外运物流河南有限公司郑州分发中心	一级（★★★）
87	国网浙江省电力有限公司舟山供电公司国网舟山供电公司茅岭仓库	一级（★★★）
88	国网浙江省电力有限公司湖州供电公司国网湖州供电公司创业仓库	一级（★★★）
89	北京万京咨询服务有限公司万纬北京大兴园区	一级（★★★）
90	上海申斯物流有限公司万纬上海枫泾园区	一级（★★★）
91	安得智联供应链科技有限公司佛山美安物流园	一级（★★★）
92	陕西医药控股集团派昂医药有限责任公司西北现代医药物流中心	一级（★★★）

续表

序号	库区名称	级别
93	中国移动通信集团山东有限公司青岛省级库	一级（★★★）
94	宁夏新华百货现代物流有限公司新百现代物流常温物流中心	一级（★★★）
95	武汉商汇物流管理有限公司万纬武汉江夏大桥园区	一级（★★★）
96	湖北交投国际多式联运港有限公司汉口北国际多式联运港	一级（★★★）
97	河北省烟草公司石家庄市公司卷烟物流配送中心	一级（★★★）
98	天津童联供应链管理有限公司孩子王华北智慧物流基地和区域结算中心项目	二级（★★）
99	蒙牛高新乳业（和林格尔）有限公司物流智能立体库	一级（★★★）
100	内蒙古蒙牛高科乳业有限公司物流数智立体库	一级（★★★）
101	昆明宝象万吨冷储物流有限公司昆明宝象万吨冷链港	一级（★★★）
102	昆明食品（集团）冷冻冷藏有限公司昆明万吨冻品城	二级（★★）
103	长沙捷泰电商产业园管理有限公司顺丰丰泰产业园·长沙	一级（★★★）
104	湖南云冷冷链股份有限公司云冷1号冷链仓储中心	一级（★★★）
105	国网浙江省电力有限公司嘉兴供电公司浙北周转库·嘉兴云海仓库	一级（★★★）
106	百利威现代供应链（辽宁）有限公司百利威（沈阳）园区	一级（★★★）
107	广州华瑞乾仓储有限公司中国供销商贸流通综合产业园基地	一级（★★★）
108	河北珠江啤酒有限公司成品仓库	二级（★★）
109	吉林吉电集团有限公司电力技术服务分公司检储配一体化基地	一级（★★★）
110	徐州市库派同程物流有限公司仓配一体徐州运营中心	一级（★★★）
111	国网吉林省电力有限公司松原供电公司国网松原供电公司前郭仓库	一级（★★★）
112	安徽润联翔供应链管理服务有限公司经开区库	一级（★★★）
113	洪进（北京）体育用品有限公司新建智能自动分拣设备生产厂房及附属用房项目	一级（★★★）
114	郑州苏宁易达物流有限公司苏宁华中地区物流枢纽	一级（★★★）
115	河南苏宁物流有限公司苏宁二七物流基地	一级（★★★）
116	君乐宝乳业集团有限公司660工厂仓库	一级（★★★）
117	河北君乐宝君恒乳业有限公司成品库、原辅料库	一级（★★★）
118	陕西华远医药集团医药物流有限公司陕西华远医药物流配送中心	二级（★★）
119	百利智慧供应链（青岛）有限公司百利威（青岛）园区	一级（★★★）
120	北京天竺宝湾供应链管理有限公司北京天竺宝湾物流园	一级（★★★）
121	廊坊市信达物流有限公司廊坊安次宝湾物流园	一级（★★★）
122	上海锌镱仓储服务有限公司金山新材料供应链产业基地	一级（★★★）
123	国网浙江省电力有限公司台州市路桥区供电公司国网台州市路桥区供电公司永福仓库	一级（★★★）
124	国网山东省电力公司莱芜供电公司国网莱芜供电公司万通路仓库	一级（★★★）
125	中国移动通信集团湖北有限公司荆州分公司湖北移动鄂西南大区库	一级（★★★）

续表

序号	库区名称	级别
126	成都大盛物流有限公司新创建成都机场物流中心	一级（★★★）
127	嘉新（成都）仓储有限公司新创建新津物流中心	一级（★★★）
128	成都嘉超仓储有限公司新创建新都北工业园	一级（★★★）
129	嘉耀（成都）仓储有限公司新创建新都物流中心	一级（★★★）
130	重庆医药集团和平物流有限公司重庆医药现代物流综合基地	一级（★★★）
131	嘉龙（成都）仓储有限公司新创建龙泉物流中心	一级（★★★）
132	重庆双福农产品批发市场有限公司冷链市场28#冻库	二级（★★）
133	武汉嘉迈仓储有限公司新创建汉南物流园	一级（★★★）
134	国网浙江省电力有限公司金华供电公司国网金华供电公司刚中仓库	一级（★★★）
135	国网浙江省电力有限公司浦江县供电公司国网浦江县供电公司一点红仓库	二级（★★）
136	华润河南医药有限公司物流中心	一级（★★★）
137	国药控股河南股份有限公司国药河南物流中心	一级（★★★）
138	国网浙江省电力有限公司丽水供电公司国网丽水供电公司仙霞仓库	二级（★★）
139	国网浙江省电力有限公司丽水市莲都区供电公司国网丽水市莲都区供电公司惠民仓库	二级（★★）
140	佛山市润众工业投资有限公司顺丰丰泰产业园·佛山	一级（★★★）
141	联宝（合肥）电子科技有限公司原料仓	一级（★★★）
142	联宝（合肥）电子科技有限公司成品仓	一级（★★★）
143	国网浙江省电力有限公司宁波市鄞州区供电公司五乡仓库	二级（★★）
144	河南大河四季冷链物流有限公司大河四季郑州云仓	一级（★★★）
145	坻泰（天津）生物科技发展有限公司信泰云仓·宝坻	一级（★★★）
146	国网山东省电力公司日照供电公司国网日照供电公司上海路仓库	一级（★★★）
147	日照正基国际冷链物流产业园有限公司智慧冷链物流产业园	一级（★★★）
148	星泓（孝感）生物科技有限公司复星国药（孝感临空区）医药温控枢纽项目	一级（★★★）
149	西安亿沃仓储有限公司亿达西安科技生态产业园	一级（★★★）
150	沈阳深国际综合物流港置业有限公司深国际·沈阳综合物流港	一级（★★★）
151	廊坊博远实业有限公司新宜廊坊博远产业园	一级（★★★）
152	广东电网有限责任公司惠州供电局惠州周转仓	一级（★★★）
153	浙江义乌宝湾国际物流有限公司义乌宝湾物流园	一级（★★★）
154	国网河南省电力公司国网河南电力新乡滨湖大道仓库	一级（★★★）
155	国网河南省电力公司国网河南电力漯河丹霞山路仓库	一级（★★★）
156	国网河南省电力公司国网河南退役物资绿色分拣中心（驻马店分中心）	二级（★★）
157	广州市广百物流有限公司中国南部物流枢纽园区	一级（★★★）
158	山东中凯云仓农产品有限公司中凯国际农产品云仓基地	二级（★★）

续表

序号	库区名称	级别
159	安得智联供应链科技股份有限公司安得智联 VMI 仓	一级（★★★）
160	滁州宇航物流有限公司滁州宇航物流园	二级（★★）
161	武汉中百物流配送有限公司江夏常温中央仓	一级（★★★）
162	上海京鸿宇企业发展有限公司上海宇培黄渡物流园	二级（★★）
163	国网河北省电力有限公司雄安检储配一体化物资中心	一级（★★★）
164	河北冀德医药有限公司冀德科技园现代医药仓储物流中心	一级（★★★）
165	合肥宇航仓储有限公司合肥宇航物流园	一级（★★★）
166	苏州宇庆仓储有限公司苏州宇庆物流园	二级（★★）
167	腾达工业设施发展（苏州）有限公司常熟腾达物流园	二级（★★）
168	昆明平滇科技有限公司云南滇中新区生鲜电商贸易 OTO 综合服务产业园	一级（★★★）
169	瀚都（成都）供应链服务有限公司广菱冷链贸易金融产业园项目	一级（★★★）
170	国网四川省电力公司阿坝供电公司国网阿坝供电公司茂县大河坝终端库	一级（★★★）
171	山泰（重庆）生物科技发展有限公司复星国药西南医药温控枢纽项目	一级（★★★）
172	扬州完美日用品有限公司扬州完美生产基地库区	一级（★★★）
173	浙江智姚物联科技有限公司余姚智姚物流园	一级（★★★）
174	舟山宇培仓储有限公司舟山宇培高新物流园	二级（★★）
175	芜湖宇培仓储有限公司芜湖宇培物流园	一级（★★★）
176	常州宇培仓储有限公司常州宇培物流园	一级（★★★）
177	淮安宇培仓储有限公司淮安宇培物流园	一级（★★★）
178	博西华家用电器有限公司成品物流中心第三仓库	一级（★★★）
179	江苏中烟工业有限责任公司徐州卷烟厂烟叶仓库	一级（★★★）
180	郑州传化公路港物流有限公司郑州传化公路港仓储配送中心	一级（★★★）
181	河南康众仓储服务有限公司新康众郑州物流中心	一级（★★★）
182	常州新阳光置业有限公司常州新运冷链项目	一级（★★★）
183	国网江苏省电力有限公司镇江供电分公司国网镇江供电公司大港仓库	一级（★★★）
184	京亚（南京）供应链管理有限公司万纬南京栖霞保税园区二期	一级（★★★）
185	无锡世立物流有限公司万纬无锡惠山园区	一级（★★★）
186	贵州龙里维乐物流园有限公司万纬贵阳空港园区	一级（★★★）
187	中粮可口可乐饮料（贵州）有限公司中央仓	一级（★★★）
188	桐庐电力开发有限公司智慧仓库	一级（★★★）
189	浙江余姚宝湾国际物流有限公司宁波余姚宝湾物流园	一级（★★★）
190	国网浙江省电力有限公司德清县供电公司国网德清县供电公司南山仓库	二级（★★）
191	国网浙江省电力有限公司长兴县供电公司国网长兴县供电公司高家墩仓库	二级（★★）

续表

序号	库区名称	级别
192	发网（苏州）供应链管理有限公司发网（苏州）汾湖嘉合仓	一级（★★★）
193	河南电力物资有限公司国网河南电力郑州货站街仓库	一级（★★★）
194	国网山东省电力公司德州供电公司绿色数智共享仓	一级（★★★）
195	天津益海智能科技有限公司京东智能产业园天津北辰项目	一级（★★★）
196	浙江乐传科技有限公司乐传宝湾仓	二级（★★）
197	秀山华渝物流投资有限公司秀山（武陵）现代物流园区仓储配送中心	一级（★★★）
198	廊坊中棉仓储有限公司供销普洛斯廊坊经开区智慧供应链结算中心建设项目	一级（★★★）
199	北京万兴裕腾仓储服务有限责任公司供销普洛斯平谷马坊汽车产业综合物流园	一级（★★★）
200	国网山东省电力公司淄博供电公司供应链绿色数智发展示范基地	一级（★★★）
201	昆明万昆物流有限公司万纬昆明空港园区二期	一级（★★★）
202	昆明万钰物流有限公司万纬昆明空港园区一期	一级（★★★）
203	昆明续万投资有限公司万纬昆明高新园区一期	一级（★★★）
204	昆明十一物流有限公司万纬昆明高新园区二期	一级（★★★）
205	中国移动通信集团河南有限公司郑州分公司 RDC 仓库	一级（★★★）
206	国网浙江省电力有限公司台州市黄岩区供电公司国网台州市黄岩区供电公司澄江仓库	二级（★★）
207	国网浙江省电力有限公司玉环市供电公司国网浙江玉环市供电公司金海仓库	二级（★★）
208	国网浙江省电力有限公司嘉善县供电公司国网嘉善县供电公司鑫达仓库	一级（★★★）
209	国网浙江省电力有限公司平湖市供电公司国网平湖市供电公司新群仓库	一级（★★★）
210	国网浙江省电力有限公司海盐县供电公司国网海盐县供电公司百尺仓库	一级（★★★）
211	国网浙江省电力有限公司海宁市供电公司国网海宁市供电公司经都仓库	一级（★★★）
212	国网浙江省电力有限公司桐乡市供电公司国网桐乡市供电公司庆丰仓库	一级（★★★）
213	温州英特医药物流有限公司浙江英特集团温州医药物流中心	一级（★★★）
214	国网浙江省电力有限公司诸暨市供电公司国网诸暨市供电公司万旺仓库	一级（★★★）
215	国网浙江省电力有限公司衢州供电公司国网衢州供电公司世纪仓库	一级（★★★）
216	国网浙江省电力有限公司台州市椒江区供电公司国网台州市椒江区供电公司机场仓库	二级（★★）
217	玉环市宏盛电气安装有限公司玉环宏盛金海业扩物资仓库	二级（★★）
218	国网浙江省电力有限公司安吉县供电公司国网安吉县供电公司阳光仓库	二级（★★）
219	国网浙江省电力有限公司宁海县供电公司国网宁海县供电公司香山仓库	一级（★★★）
220	嘉盛泰（天津）商业有限公司联泰天津物流中心嘉盛泰项目（一期）	一级（★★★）
221	上海金桥普洛斯仓储有限公司上海汽车零部件包装中心项目	二级（★★）
222	上海中外运国际物流有限公司中外运临港国际物流中心项目	一级（★★★）
223	广州普云仓储服务有限公司普洛斯广州云埔物流园一期	二级（★★）
224	广州普云仓储服务有限公司普洛斯广州云埔物流园二期	二级（★★）

续表

序号	库区名称	级别
225	广州普云仓储服务有限公司普洛斯广州云埔物流园三期	三级（★）
226	乌鲁木齐万纬新荣供应链管理有限公司万纬乌鲁木齐空港园区	一级（★★★）
227	昆山路德仓储服务有限公司东久新宜路德物流园	一级（★★★）
228	广西壮族自治区烟草公司北海市公司卷烟物流配送中心	一级（★★★）
229	玉湖冷链物流（揭阳）有限公司玉湖冷链（揭阳）国际食品交易中心	一级（★★★）
230	海东万盈供应链有限公司万纬西宁海东园区	一级（★★★）
231	常州鸿石仓储服务有限公司东久新宜鸿石物流园	一级（★★★）
232	淮安万纬智能仓储设施管理有限公司万纬淮安物流园	一级（★★★）
233	山东光证仓储物流有限公司一带一路枢纽城市供应链产业园	一级（★★★）
234	南京维宜通仓储服务有限公司新宜维宜通物流园	一级（★★★）
235	南京马里诺仓储服务有限公司新宜马里诺物流园	一级（★★★）
236	武汉弗兰西蒂仓储服务有限公司新宜弗兰西蒂物流园	一级（★★★）
237	武汉市新形运输有限责任公司新宜武汉新形物流园	二级（★★）
238	福州新东物流有限公司东久新宜长乐新东物流园	二级（★★）
239	中国移动通信集团河北有限公司河北移动（保定）物流中心	一级（★★★）
240	国网安徽省电力有限公司亳州供电公司国网亳州供电公司合欢路仓库	一级（★★★）
241	合肥嘉安仓储有限公司万纬合肥经开区园区	一级（★★★）
242	云南省烟草公司德宏州公司物流园区	一级（★★★）
243	昆山中外运供应链有限公司昆山千灯中外运物流园区	一级（★★★）
244	郑州市永之兴航空冷链物流有限公司基地项目	一级（★★★）
245	沈阳宇麦仓储有限公司万纬沈阳于洪园区	一级（★★★）
246	沈阳万港仓储有限公司万纬沈阳空港园区	二级（★★）
247	诸城功能区投资开发有限公司诸城保税物流中心	二级（★★）

注："一级（★★★）"为最高级别。

2023 年电力物资零碳仓库

为贯彻落实国务院及相关部门关于碳达峰碳中和的有关文件精神，根据团体标准《电力物资零碳仓库要求与评价》（T/WD 118），经企业自愿申报、中国仓储与配送协会标准化评价办公室现场评价，且公示无异议，确定 2023 年获得"电力物资零碳仓库"称号的企业库区如下表所示。

序号	库区名称	星级
1	国网冀北电力有限公司唐山供电公司国网冀北电力检储配基地	三星级
2	国网江苏省电力有限公司徐州供电分公司国网徐州供电公司昆仑路仓库	三星级
3	国网冀北张家口风光储输新能源有限公司国家风光储输示范电站物资库房	三星级
4	国网甘肃省电力公司张掖供电公司国网张掖供电公司火车站仓库	二星级
5	广东电网有限责任公司惠州供电局惠州周转仓	三星级
6	国网浙江省电力有限公司台州市路桥区供电公司国网台州市路桥区供电公司永福仓库	三星级
7	国网山东省电力公司淄博供电公司供应链绿色数智发展示范基地	三星级

注："三星级"为最高级别。

2023年仓储服务金牌企业

根据国家标准《仓储服务质量要求》（GB/T 21071）、《中国仓储服务质量评鉴办法》规定，经企业自愿申报、征求客户评价意见、中国仓储与配送协会标准化评价办公室初审和现场审定，且公示无异议，确定2023年获得"仓储服务金牌企业"称号的企业如下表所示。

序号	企业名称
1	国家粮食和物资储备局湖北局三三八处
2	湘中诚通物流有限公司
3	杭州临港物流有限公司
4	江苏安方电力科技有限公司
5	张家港保税区长江国际港务有限公司
6	株洲中车物流有限公司
7	大连威洋物流有限公司
8	中国供销集团南通供销产业发展有限公司
9	宁乡县阳光联运服务有限公司
10	山东润邦国际物流集团有限公司
11	国网天津市电力公司物资公司
12	宁波富立物流有限公司
13	上海百秋新洛杰斯供应链管理有限公司
14	国网冀北电力有限公司物资分公司
15	湖南千金医药股份有限公司
16	广州市畅翔物流有限公司
17	中国移动通信集团内蒙古有限公司
18	宁波百川港通国际物流有限公司
19	山东高速鲁南物流发展有限公司
20	辽渔集团有限公司冷藏分公司
21	江苏莘纳吉物流科技有限公司
22	昆山瀚宇国际物流服务有限公司
23	江苏亚东朗升国际物流有限公司
24	江苏昊鹏物流有限公司

续表

序号	企业名称
25	湖南金霞粮食产业有限公司
26	云通物流服务有限公司
27	湖南省弘广物流集团有限公司
28	合肥供水集团有限公司
29	湖南首邦公路港物流有限公司
30	佛山市黄氏亿邦供应链管理有限公司
31	航港发展有限公司
32	聊城盖氏邦晔物流有限公司
33	辽宁诚通物流有限公司
34	江苏大地物流有限责任公司
35	宁波海晖国际物流有限公司
36	中核（郑州）储运贸易有限公司
37	重药控股湖南民生药业有限公司
38	湖南安迅物流运输有限公司
39	宁波市阿六食品有限公司
40	江苏飞力达国际物流股份有限公司
41	国家粮食和物资储备局山东局三三四处
42	中外运物流湖南有限公司
43	上海发网供应链管理有限公司
44	广西钦州市祥龙物流有限公司
45	上饶市中合农产品市场有限公司

2023 年仓储配送绿色化企业

根据国家标准《绿色仓储与配送要求及评估》（GB/T 41243）、《仓储配送绿色化企业评价办法》规定，经企业自愿申报、中国仓储与配送协会标准化评价办公室初审和现场评审，且公示无异议，确定 2023 年获得"仓储配送绿色化企业"标识的企业如下表所示。

序号	企业名称
1	万科物流发展有限公司
2	安徽省烟草公司阜阳市公司
3	国网冀北电力有限公司
4	国网浙江省电力有限公司湖州供电公司
5	云南众而沃实业有限责任公司
6	青岛自贸国际物流有限公司
7	宁夏新华百货现代物流有限公司
8	湖北交投国际多式联运港有限公司
9	武汉中百物流配送有限公司
10	陕西省烟草公司宝鸡市公司
11	合肥快乐通冷链物流配送有限公司
12	江苏苏宁物流有限公司
13	国网浙江省电力有限公司嘉善县供电公司

2023 年快消品经销商仓配能力 A 级企业

根据团体标准《快消品经销商仓储配送能力评估指标》（T/WD 113）规定，经企业自愿申报、快消品经销商仓配标准化评价工作办公室初审和现场审定，且公示无异议，确定 2023 年获得"快消品经销商仓配能力 A 级企业"称号的企业如下表所示。

序号	企业名称	等级
1	湖南省康程物流有限责任公司	5A 级
2	武汉中百物流配送有限公司	5A 级
3	徐州市库派同程物流有限公司	5A 级
4	苏州嘉禾食品有限公司	4A 级
5	苏州捷亚怡通供应链管理有限公司	4A 级
6	安徽苏龙工贸有限公司	4A 级
7	沧州鑫福隆食品有限公司	4A 级
8	江西惠小满物流有限公司	4A 级

注："5A 级"为最高级别。

2023 年担保存货管理资质企业

　　根据国家标准《担保存货第三方管理规范》（GB/T 31300）、《担保存货管理企业评价办法》规定，经企业自愿申报、征求客户评价意见、全国担保存货管理企业评价工作办公室初审和现场评审，且公示无异议，确定 2023 年获得"担保存货管理资质"的企业如下表所示。

序号	企业名称	等级
1	新润源资产管理有限公司	三级甲等
2	成都达海金属加工配送有限公司	三级甲等
3	华夏易通国际物流有限公司	三级甲等
4	郑州粮晟供应链管理服务有限公司	二级甲等
5	内蒙古恒元丰供应链管理服务有限公司	二级甲等
6	宁夏嘉宝信金融仓储有限公司	二级甲等
7	泰达行（天津）冷链物流有限公司	二级甲等
8	大庆晟源物流管理有限公司	二级甲等
9	山东佳怡供应链管理有限公司	二级乙等
10	四川辉睿金仓供应链管理股份有限公司	一级甲等
11	首农（天津）供应链管理有限公司	一级甲等
12	山东汇融仓储管理服务有限公司	一级甲等
13	江西国磊供应链集团有限公司	一级甲等
14	甘肃金泰担保存货管理有限公司	一级甲等
15	宁夏镇元运达担保品管理有限公司	一级甲等
16	山东滨易融供应链管理有限公司	一级甲等
17	江西云链仓储管理有限公司	一级甲等
18	贵州民族酒业（集团）德盛缘酒类收储有限公司	一级乙等
19	中恒纺织交易市场（广东）有限公司	一级乙等
20	河南中冠供应链管理有限公司	一级乙等
21	营口侨益物流有限公司	一级乙等
22	河南新泰仓储有限公司	一级乙等
23	河南众储供应链管理有限公司	一级乙等
24	浙江天畅智库科技有限公司	一级乙等

续表

序号	企业名称	等级
25	四川云智造科技有限公司	一级丙等
26	上海同华储运有限公司	一级丙等
27	陕西物流集团陕南投资发展有限公司	一级丙等
28	中国铁路物资西安有限公司	一级丙等
29	安徽科盈仓储服务有限公司	一级丙等
30	大连威洋物流有限公司	一级丙等
31	吉林省龙成仓储监督管理有限公司	一级丙等
32	济宁众诚资产管理有限公司	一级丙等
33	甘肃寒旱集团甘蕴食品有限公司	一级丙等
34	内蒙古小仓鼠仓储物流有限责任公司	一级丙等
35	河南辰建仓储服务有限公司	一级丙等
36	扬州博胜仓储服务有限公司	一级丙等
37	扬州中致仓储服务有限公司	一级丙等
38	江西省供储物流有限公司	一级丙等

注：资质分为级别（规模）、等次（管理水平）两方面，级别标准从高到低依次为三级、二级、一级，等次标准从高到低依次为甲等、乙等、丙等。